PROFESSIONAL MEETING

プロフェッショナル・ミーティング

長田英知
HIDETOMO NAGATA

まえがき

●───「会議は踊る、されど進まず」

「会議は踊る、されど進まず」。この言葉はナポレオンが敗北してエルバ島に島流しされた後の1814年、フランス領土の分割を決める目的で招集されたウィーン会議について評された言葉です。

ウィーン会議では、フランス革命以前の状態に領土を戻す「正統主義」の原則が、フランス代表のタレーランによって唱えられました。しかしヨーロッパ諸国は自国の利害を優先したため鋭く対立、議論は一向に進みません。

一方、各国の親睦を名目とした夜の晩餐会は連日盛大に行われたといいます。冒頭の言葉は、晩餐会におけるダンスのステップ（ダンスは同じところでいったりきたりのステップを踏みます）と会議の進み具合をかけて、当時の報道が皮肉ったものでした。

本書を手にとられた皆さんも、ビジネスの現場で一向に進まない会議に「踊らされた」経験をお持ちなのではないでしょうか。

参加者がそれぞれ、所属部署や自分の立場、利害を主張して対立し、何も決定されないままに議論が次回の会議に持ち越されるといった事態は、重要なことを決めなくてはならないときほど多く起こるように思います。

本書は、日々の仕事で会議に参加する機会が多く、また時に会議をリードしなくてはならない立場にある中堅管理職の方々を主な対象に、「踊れど、進まぬ」状況を回避して、**成果を挙げるミーティングを行うための考え方と手法**について解説した本です。

図1｜ウィーン会議の風刺画

　本書が目指しているのは、ビジネスを進めるための「社内ミーティングの変革」です。皆さんは日々行う社内ミーティングについて、場所や会議時間、招集するメンバーや議題（アジェンダ）、さらには会議の進行や議事録の書き方について真剣に考えた経験はあるでしょうか。
　重要な会議ならともかく、普段はそこまでしないよ、とおっしゃられる方も多いと思います。

　しかし、日々行われる社内ミーティングをPDCA（22ページ参照）というビジネスプロセス管理の中に位置づけ、場面・目的に応じて適切に設計・デザインすれば、ムダな議論に時間を費やすリスクを減らし、目的に沿った議論を行うことを参加者に促すことが可能となります。**社内ミーティングの成果が、ビジネスの成果に直結するのです。**

　なお、ミーティングという言葉からは、10人前後のチームメンバーが会議室に集まって議論を交わすようなシーンをイメージされるかもしれません。

しかし本書では、1対1で膝をつきあわせて行う打ち合わせ、年末年初に全社的に行われる納会や年始会といったイベントなどもミーティングの一形態として考えています。

　PDCAを活用してビジネスをうまく進めていくためには、PDCAの各フェーズで生じるさまざまな意思決定やメンバーとの情報共有をその都度、適切に行う必要があります。この目的を実現する手段として社内ミーティングを活用する場合、会議室で行われる典型的なチームミーティングだけではなく、幅広いタイプのミーティングを適材適所で使いこなしていかなくてはならないのです。

　逆に、**ミーティングの設計をきちんと行っておけば、コミュニケーション能力やリーダーシップに頼らなくても、コンスタントに成果を挙げ、ビジネスを前に進めていくことが可能になります。**

　本書ではそのような観点から、読者の皆さんがビジネス・プロフェッショナルとして場面・目的に応じた適切なミーティングを簡単に設計し、確実に成果を挙げることができるようになることを目指しています。そのために、PDCAの各場面に即した適切なミーティングタイプの選択と、ミーティングの事前準備から進め方、事後対応までを網羅するコツを紹介しています。

　私は社会人としての最初の10年間、政治に携わり、市議会議員を務め、3度の選挙を経験しました。そして次の10年間は戦略コンサルタントに転身、50社を超えるさまざまな業種の企業に対してコンサルティングサービスを提供してきました。

政治家と戦略コンサルタントの活動には、何の共通点もないように思われる方も多いかもしれません。しかしロジックとコミュニケーションに裏打ちされたミーティングスキルを武器に社会にインパクトを与えるという点で、実は、両者の活動はとても似ています。

　本書は、私が政治と戦略コンサルティングという2つの世界での経験から得た知見から、事業やプロジェクトを推進し、成果を出すために有効で戦略的なミーティングの活用の仕方について、体系的にお伝えしていきます。

　なお、本書の第1章から第3章は基礎編となっています。
　第1章ではミーティングの考え方と本書で目指すことについて、第2章ではミーティングの基本について、第3章ではビジネスプロセスの各フェーズとミーティングとのマッチングについて説明しています。
　第4章以降は実践編として、PDCAのフェーズごとに効果的なミーティング手法を定義し、具体的な適用方法について説明を行っています。
　実践編については、興味のあるパートから読んでいただいても差し支えない構成となっています。

　読者の皆さんにとって、本書がより有効にビジネスミーティングを活用するための気づきやきっかけとなれば幸いです。

プロフェッショナル・ミーティング
contents

まえがき | 1

基礎編

第1章 ミーティングの成功のカギは「適材適所」にある | 11

1 | 業務時間の15.4%は会議に占められている | 12
2 | 会議に対する評価と会議時間の関係 | 14
3 | 外資系企業と日本企業の会議に対する意識の違い | 15
4 | PDCAとミーティングを「適材適所」に組み合わせる | 18
第1章まとめ | 19

第2章 PDCAとミーティングを組み合わせる | 21

1 | PDCAとは何か？ | 22
2 | PDCAにおけるミーティングの役割 | 25
第2章まとめ | 26

第3章 ミーティングの設計と5つのタイプ | 27

1 | ミーティング設計にあたっての考え方 | 28
2 | Why──ミーティングの目的を明確にする | 31

contents

3 | How──ミーティングの5タイプ | 32
❶ 合意形成型ミーティング（目線を合わせ、合意を導く）| 32
❷ セレモニー型ミーティング（メンバーの心をひとつにする）| 34
❸ 進捗確認型ミーティング（進捗から解決すべき課題・リスクを絞り込む）| 35
❹ リソース調整型ミーティング（課題・リスクの評価に基づき、リソースを再分配する）| 35
❺ アイデアソン型ミーティング（新しい発想で課題を解決する）| 36
4 | PDCAとミーティングタイプの組み合わせ方 | 37
第3章まとめ | 38

実践編

第4章 PlanをDoに導くミーティングの進め方とコツ | 39

ストーリー | ある企業の風景① | 40
『七人の侍』が教える計画の条件 | 41
Planを策定するための合意形成型ミーティング──ゴール | 44
Planを策定するための合意形成型ミーティング──事前準備 | 45
コツその01　メンバー全員と1人ずつ行い、現場の状況を把握する | 45
コツその02　心理的に遠いメンバーから先に話を聞く | 47
コツその03　場所と時間は相手の都合で決める | 48
Planを策定するための合意形成型ミーティング──進め方 | 49
コツその04　相手への敬意を示す | 49
コツその05　最初の30分は相手のペースで | 50
コツその06　自分の考えに誘導しない | 51
コツその07　教えない | 52

コツその08 復唱し、思いを伝える | 53
コツその09 フォーマットを使って目線をすり合わせる | 54
コツその10 必要なときだけ交渉する | 57
Planを策定するための合意形成型ミーティング──事後対応 | 60
コツその11 1対1のミーティングでは議事録をつくらない | 60
Planを策定するための合意形成型ミーティング──メンバー側の視点 | 61
コツその12 数字の前提条件を明らかに | 61
| column | Planをトップダウンで策定する際のミーティング手法 | 62
第4章まとめ（その1） | 63

ストーリー | ある企業の風景② | 64
PlanをDoに導くセレモニー型ミーティング──ゴール | 65
PlanをDoに導くセレモニー型ミーティング──事前準備 | 66
コツその13 全体計画書を1枚でまとめる | 66
コツその14 非日常的な場での全員参加 | 68
コツその15 いつもとは違う懇親会を企画する | 68
PlanをDoに導くセレモニー型ミーティング──進め方 | 70
コツその16 アジェンダをきっちり決める | 70
コツその17 挨拶は短時間でまとめる | 71
コツその18 リーダーの「熱」を浸透させる | 72
コツその19 一体感を高めることに重点を置く | 73
PlanをDoに導くセレモニー型ミーティング──事後対応 | 74
コツその20 資料は事後配布 | 74
PlanをDoに導くセレモニー型ミーティング──メンバー側の視点 | 76
コツその21 マネジメントの視点で参加する | 76
| column | 計画のビジョンを伝えるプレゼン資料の作り方 | 77
第4章まとめ（その2） | 81

contents

第5章 DoからCheck事項を抽出するミーティングの進め方とコツ | 83

- ストーリー | ある企業の風景③ | 84
- トリアージから学ぶ報告の極意 | 86
- DoからCheck事項を抽出する進捗確認型ミーティング——ゴール | 88
- DoからCheck事項を抽出する進捗確認型ミーティング——事前準備 | 90
  - コツその22 色分けは現場の第一感で | 90
  - コツその23 赤はマネジメントの助けを求めるサイン | 91
  - コツその24 報告内容は一目でわかるようにまとめる | 92
  - コツその25 目標の達成状況をグラフ化する | 94
- DoからCheck事項を抽出する進捗確認型ミーティング——進め方 | 96
  - コツその26 正直な進捗報告に怒らない | 96
  - コツその27 議論すべき進捗を選別する | 96
  - コツその28 軽微な課題から議論し、その場で解決する | 98
  - コツその29 難しい課題は切り分け、部分的な合意を積み重ねる | 99
  - コツその30 具体例で議論する | 100
  - コツその31 時間で区切る | 100
  - コツその32 マネジメントも報告する | 101
  - コツその33 現場を輝かせる時間をつくる | 102
- DoからCheck事項を抽出する進捗確認型ミーティング——事後対応 | 103
  - コツその34 議事録で決定事項とto-doを明確にする | 103
- DoからCheck事項を抽出する進捗確認型ミーティング——メンバー側の視点 | 104
  - コツその35 情報提供や意見表明を躊躇しない | 104
  - column | 議事録の書き方 | 105
- 第5章まとめ | 108

第6章 CheckからActにつなぐミーティングの進め方とコツ | 09

- ストーリー | ある企業の風景④ | 110
- 「木」も「森」も見て評価する | 112
- CheckからActにつなぐリソース調整型ミーティング──ゴール | 114
- CheckからActにつなぐリソース調整型ミーティング──事前準備 | 115
  - コツその36 「事実」を集める | 115
  - コツその37 評価の「軸」を決める | 116
- CheckからActにつなぐリソース調整型ミーティング──進め方 | 117
  - コツその38 事実で論点を振り返る | 117
  - コツその39 マトリクスで意見を整理する | 118
  - コツその40 「やりくり」のパターンを整理する | 119
  - コツその41 小さく与えることで説得する | 120
- CheckからActにつなぐリソース調整型ミーティング──事後対応 | 122
  - コツその42 「やりくり」を細かくフォローする | 122
- CheckからActにつなぐリソース調整型ミーティング──メンバー側の視点 | 123
  - コツその43 事業全体の視点で説明する | 123
  - 第6章まとめ | 124

contents

第7章 Actから新しいPlanにつなぐミーティングの進め方とコツ | 125

ストーリー | ある企業の風景⑤ | 126
改善はイノベーションの第一歩 | 127
Actから新しいPlanにつなぐアイデアソン型ミーティング──ゴール | 129
Actから新しいPlanにつなぐアイデアソン型ミーティング──事前準備 | 130
- コツその44 課題を正しく設定する | 130
- コツその45 議論の構成を考える | 132
- コツその46 「業界の常識」を共有していない第三者を入れる | 133
- コツその47 緊張を解放できる「場」を選ぶ | 135
- コツその48 「3つ道具」を用意する | 136
- コツその49 3つの条件に基づき、ファシリテーターを選ぶ | 137

Actから新しいPlanにつなぐアイデアソン型ミーティング──進め方 | 139
- コツその50 厳密なプロセスで自由な議論を進める | 139
- コツその51 量が質を生み出す | 142
- コツその52 改善策を具体的なターゲットイメージで検証する | 142
- コツその53 解決策を一言で説明してみる | 144

Actから新しいPlanにつなぐアイデアソン型ミーティング──事後対応 | 145
- コツその54 議事録でミーティング後のアイデア創出を促す | 145
- コツその55 改善策を起点に新たなPDCAを回す | 145

Actから新しいPlanにつなぐアイデアソン型ミーティング──参加者の姿勢 | 147
- コツその56 批判せずに疑う | 147

column | 5つのミーティングタイプを社外ミーティングで活用する | 149
第7章まとめ | 152

おわりに | 154

基礎編 | 第1章

ミーティングの成功のカギは「適材適所」にある

1 業務時間の15.4%は会議に占められている

　皆さんは日々の仕事で週に何回くらい、あるいは何時間くらいミーティングに参加されているでしょうか。

　2012年10月、NTTデータ経営研究所は「会議の革新とワークスタイル」に関する調査を行いました。[1]

　この調査結果によると、**会社で開催される会議の全体業務に占める割合は平均して15.4%**になるそうです。ちなみに業種別で最も会議の割合が高かったのは通信・メディア業で、会議が業務の約2割を占めていました。週5日勤務の社員は、毎週1日をまるまる会議に費やしている計算になります。

　ではこれだけ多くの時間を使って行っている会議に、社員の皆さんはどのような価値を見出しているのでしょうか？

　同じ調査で「会社で開催される会議等は価値創造（仕事の生産性向上、イノベーションの創出等）に貢献していると思いますか」と尋ねたところ、「まったくそう思わない」「あまりそう思わない」と答えた人の割合は66.9%でした。**実に3人に2人は、会社の会議が生産性向上やイノベーションといった価値の創造に貢献していないと答えた**のです。

　この回答割合は、会社の従業員規模によって変わらないという結果も出されています。たとえば従業員数が5000人以上の企業では「まったくそう思わない」「あまりそう思わない」の合計は67.9%であったのに対し、99人以下の企業では合計が66.9%と、ほとんど変わらない結果となっています。

---

1) https://www.keieiken.co.jp/aboutus/newsrelease/121005/index2.html

一方、業種別の回答結果からは興味深い傾向を見てとることができます。それは、**会議が多いと答えた業種ほど、会議が価値創造に貢献していないと答える割合が減少する**ということです。

　本調査では、会議の業務占有割合が多い業種は、上から通信・メディア業（19.5%）、製造業（17.9%）、コンピュータ・情報サービス業（17.9%）となっていますが、この3業種で会議が価値創造に貢献していないと答えた人の割合は59.6%、65.4%、66.4%と、業種別で最も割合が低い3業種となっているのです。

　なぜ会議時間が長いほうが、会議に対する評価が相対的に高くなるのでしょうか？　その理由は、行われている会議の種類ややり方にあるようです。

2 会議に対する評価と会議時間の関係

　NTTデータ経営研究所では、どのような種類の会議がどのくらい行われているかについても調査しています。図2は会議を、①部門管理者による方針伝達・上意下達、②作業の進捗・課題・対策などの確認、③新規アイデアの創出、④儀式・セレモニー、⑤その他、に分けて集計した結果です。

図2｜業種別の会議種類

業種別	①上意下達	②進捗確認	③新規アイデア創出	④儀式・セレモニー	⑤その他
製造業 (n=327)	28.9%	43.3%	12.4%	13.9%	1.5%
流通・商業 (n=93)	43.0%	33.7%	12.3%	10.6%	0.3%
金融・保険業 (n=67)	42.2%	37.6%	8.6%	11.0%	0.6%
通信・メディア業 (n=47)	32.1%	37.0%	12.4%	15.1%	3.5%
運輸・建設・不動産業 (n=90)	41.8%	36.8%	6.7%	13.0%	1.7%
コンピュータ・情報サービス業 (n=152)	34.0%	43.5%	9.5%	10.1%	2.9%
教育・医療・その他サービス業 (n=259)	38.8%	37.2%	10.6%	12.5%	1.0%
その他 (n=55)	29.8%	38.7%	17.8%	12.0%	1.7%

　「上意下達」型会議は、会議に対する評価が低かった3業種（流通・商業、金融・保険業、運輸・建設・不動産業）で行われている割合が高く、「進捗確認」型の割合を上回っています。一方、会議に対する評価が高かった3業種（通信・メディア業、製造業、コンピュータ・情報サービス業）ではこの2つの割合が逆転し、「進捗確認」型会議の割合のほうが大きくなっています。

3 外資系企業と日本企業の会議に対する意識の違い

今度は切り口を変えて、外資系企業と日本企業の違いについて見てみましょう。

外資系企業では**会議の業務占有割合が20.1％**と、日本企業の平均よりも**約5％高い**数値を示しています。一方、**会議が価値創造に貢献していないと答えた外資系企業は56.2％**で、**日本企業の平均である67.5％よりも10％以上低い**数値となっています。

「会議等のコミュニケーションが活性化しない」と答えた割合も日本企業が約2割（21.5％）に対し、外資系企業は約1割（10.9％）に留まっています。

図3｜日本企業と外資系企業の会議比較①（会議の価値）

	日本企業	外資系企業
会議の業務占有割合	15.1％	20.1％
会議が価値創造に貢献していない	67.5％	56.2％
会議等のコミュニケーションが活性化しない	21.5％	10.9％

また図4に示すように、外資系企業では、「上意下達」型の会議が30.4％、「進捗確認」型が39.5％、「新規アイデア創出」型が12.9％、「儀式・セレモニー」型が14.2％の割合を占めています。

「上意下達」型は日本企業の平均よりも低く、「進捗確認」型は日本企業とほぼ同じ、「新規アイデア創出」型、「儀式・セレモニー」型は日本企業よりも高いという結果が出されています。

図4 | 日本企業と外資系企業の会議比較②（会議のタイプ）

	日本企業	外資系企業
「上意下達」型	35.5%	30.4%
「進捗確認」型	39.7%	39.5%
「新規アイデア創出」型	11.0%	12.9%
「儀式・セレモニー」型	12.4%	14.2%
その他	1.4%	2.9%

業務の効率性や収益性が重視されるイメージがある外資系企業のほうが会議にかける時間が長く、また、株主価値や収益性を重視しているイメージが高い外資系企業のほうが儀式・セレモニーに時間を費やしているのです。

そこにはいったい、どのような秘密が隠されているのでしょうか。

◉──外資系企業はビジネスを回すために会議を行う

私はこれまで3つの外資系企業で戦略コンサルタントとして仕事をしてきました。その経験から理由を探ってみましょう。

私が勤めていたコンサルティング部門を有するグローバルIT企業では、製品・サービスごとに部門が分かれていました。各製品・サービスの担当営業チームは年度・四半期・月別の売上計画を立案してマネジメントの承認を得ます。ここまでは日本企業でも変わらないと思いますが、この外資系企業がすごかったのは、その後の業績管理でした。

各チームのリーダーは、売上実績と今後の売上予測について毎週マネジメントに報告しなくてはなりません。すべての報告結果はその週のうちにグ

ローバルの各部門トップまで上がり、部門ごとにグローバル全体での業績評価を電話会議で行うのです。

一方、毎週の報告が過度の負担とならないよう、報告の内容やプロセスは慎重にデザインされていました。また、四半期末や年度末にはセレモニーを行い、目標を達成し、重要なプロジェクトの獲得に成功したチームやチームメンバーを大々的に表彰することでモチベーションを高めていました。

私が勤めていた当時、世界176か国に拠点を有し、1000億ドル以上の収益を挙げていたこの企業は毎年、全世界の業績を集計した決算報告を、年度末からわずか20日程度で行っていました。

日本の上場企業では金融商品取引法により45日以内の決算発表が定められ、多くの企業はその期限ギリギリに報告を行っていることを考えると、いかにこのスピードが速いかということを感じていただけると思います。

また私が勤めていた別の外資系コンサルティングファームでは、課題への対応と解決のスピードを上げるための効果的な会議の活用が印象的でした。

定例で行われる進捗会議において、現場から上がってきた課題や要望は、課題の重要度や深刻度に応じてその場で切り分けがなされ、迅速な意思決定が行われます。そして重要度・深刻度が高い課題についてはタスクフォース（特定の目的のために一時的に設置される組織・チーム）を作って別途ミーティングを招集し、集中的な議論を行わせることで、早急な解決を図っていたのです。

このように、私がこれまで勤めてきた複数の外資系企業ではそれぞれ、さまざまなタイプの会議を、ビジネスプロセスのさまざまな場面に「適材適所」の形で組み合わせることで、強いチームによる確実な目標達成の実現を図っていたのです。

4 PDCAとミーティングを「適材適所」に組み合わせる

　私はこれまで政府・自治体の政策立案、企業における新規事業戦略や実行計画の策定、不採算事業の改革やオペレーション改善といったプロジェクトに携わってきました。その中で常に意識していたことがひとつあります。それは、**どんなに優れた戦略や実行計画を立案しても、実際に実行されなくては意味がない**ということです。

　政治家からコンサルタントに転身した当初、いかに「実行される」戦略や計画を立案するかについて悩んでいたとき、自分が勤めている外資系企業が、**複数のタイプの会議の使い分けによってビジネスを推進する仕組み**を採用していることにふと思いあたりました。

　以来、ビジネス戦略・計画の実行を管理する仕組みであるPDCAに対して、PDCAの各場面で適切と思われるタイプのミーティング手法を適宜組み合わせることで、業種、製品・サービス、社風、計画の中身にかかわらず、ビジネスを自然な形で望む方向へと動かし、真のイノベーションを促進できるようになったのです。

　社内ミーティングはビジネスを推進させるために行われているはずです。しかし多くの人は、ビジネスの現場で会議を行うことに価値を見出せなくなっています。

　本書は、ビジネスリーダーを目指される皆さんが、ビジネスミーティングを有効に活用するプロフェッショナルとなるために基本となる考え方と実践的なコツを、体系立ててご紹介していきます。

第1章 まとめ

▶ 日本企業に勤めるビジネスパーソンの3人に2人は、会社で行われる会議は価値を創造していないと考えている。

▶ 一方、外資系企業では日本より会議にかける時間の割合が高く、会議が価値創造に貢献していると答える人の割合も多くなっている。

▶ 外資系企業ではさまざまなタイプの会議を、ビジネスプロセスのさまざまな場面に合う形で組み合わせることで、強いチームと確実な目標達成の実現を図っている。

▶ 本書では、ビジネス戦略・計画の実行を管理する仕組みであるPDCAをベースに、さまざまなミーティングタイプがビジネスの各場面でどのような形で「適材適所」に組み合わせていけるかについて、基本となる考え方と実践的なコツを紹介していく。

基礎編 第2章

PDCAとミーティングを組み合わせる

1 PDCAとは何か？

　PDCAについては、すでにご存じの方や、ビジネスで活用されている方も多くいらっしゃると思いますが、まずは簡単にPDCAとは何か、そして、ビジネスでPDCAを活用する難しさについて説明しておきたいと思います。

　PDCAはもともと、工場現場で製造工程を管理し、製品の品質を改善する手法として考案されたものです。
　アメリカの統計学者であるシューハート博士、デミング博士は、工場で製造される製品の何％かが不良品となることに注目し、不良品の発生要因についてデータ分析を行い、製造工程を改善することで不良品の発生率をできるかぎり低く抑えるための手法を考案しました。
　「Plan」「Do」「Check」「Act」という4つのステップを回すこの品質管理・改善の手法は当初、シューハート・サイクルあるいはデミング・ホイールと呼ばれていましたが、やがて4つのステップの頭文字をとって「PDCA」サイクルと呼ばれるようになります。

　その後、PDCAは日本の製造業で幅広く導入され、PDCAをベースとするトヨタの「カイゼン」運動は、同社を世界一の自動車メーカーに押し上げる原動力となりました。
　一方、米国ではビジネスのさまざまな活動を管理する手法としてPDCAを活用する動きが高まります。BPRあるいはBPMと呼ばれるビジネスプロセス管理手法は、PDCAを製造現場の品質管理という枠を超え、企業の競争力を高める手段として活用することを可能にしました。

しかし製造現場の管理とビジネス管理には性質の異なる部分があります。**ここに、ビジネス管理でPDCAを活用する難しさと、ミーティングとの組み合わせで考えるべき理由が隠されています。**

◉──営業管理でPDCAを回すのが難しい理由

製造現場では一般的に、製品ごとに一日単位の製造ノルマがゴールとして決められています。このゴールを達成するために現場は生産計画を立案し（Plan）、製品の製造を行います（Do）。一日の活動が終わると、その日の製造ノルマが達成されたか、不良品がどれだけ発生したかが確認されます（Check）。そして製造ノルマが達成されていなかったり、不良品発生率が多かったりした場合、製造工程をチェックして不具合を改善します（Act）。こうして製造現場ではPDCAを日次レベルの短期で回すことができるのです。

一方、ビジネス管理におけるPDCAについて、営業管理を例に考えてみましょう。営業管理では、売上ノルマがゴールとして立てられ、それを達成するための営業計画が立てられます（Plan）。しかし営業計画は一般的に年次や月次で組み立てられるため、営業の実施（Do）や、ノルマ達成状況や社内外の課題・リスクの確認（Check）、さらには業務改善（Act）も1か月あるいは1年単位で考えられます。

つまり、**日次ではなく年次・月次で活動をとらえなくてはならないためにCheck、Actを行うタイミングが難しく、管理しづらい**ということが、営業管理と製造管理の大きな違いなのです。

営業管理と製造管理の、もうひとつの大きな違い──それは、**前者のほうが後者よりも外部環境の影響を大きく受けやすい**ということです。

製造現場では部品調達ができないなどの異常事態が発生したり、非現実的な製造ノルマが課せられたりしないかぎり、計画に沿って一定の品質・コスト・スピードで生産活動を行うことで、自助努力による目標達成が可能です。

　しかし営業では、仮に計画に沿って予定する活動をすべて行ったとしても、顧客の嗜好が変わり、他社に魅力的な競合製品を出されたために、目標を達成できないことがあります。逆に、活動をまったく行わなかった場合でも、ブームが起きたなどの理由で、目標以上の成果を挙げることもあります。

　このように、営業管理の場面では製造管理の現場よりも多くの不確実性が存在します。その結果、営業管理では不確実性に対応するための調整をより頻繁に行わなくてはなりません。

図5｜製造管理とビジネス管理の違い

	製造管理	ビジネス管理（営業管理）
ゴール	製造ノルマの達成（日次）	売上ノルマの達成（年次、月次）
Plan	生産計画の立案	営業計画の立案
Do	製品の製造	製品の営業・販売
Check	ノルマの達成状況 不良品の発生状況（社内の課題・リスク）	ノルマの達成状況 ノルマ達成に影響を与える社内・社外の課題・リスク評価
Act	製造工程の改善	業務の改善
特徴	1. 日次でゴール達成状況が明らかになるため、日々PDCAを回していくことが容易 2. ゴール達成に関する外部の影響は限定的で、原則として自助努力による目標達成が可能	1. 年次・月次で結果が明らかになるため、その時間軸での管理が必要（Check、Actのタイミングが難しい） 2. ゴール達成に関する外部の影響が大きく、目標達成のための調整をより頻繁に行わなくてはならない

2 PDCAにおけるミーティングの役割

　では、ビジネス管理の手法としてPDCAを活用する場合、どのようにすればうまく使いこなすことができるのでしょうか。そのカギを握るのが、社内ミーティングなのです。

　社内で行われるビジネス・ミーティングは、常に変化していくビジネスの状況を把握し、目標達成の落とし穴がないかを探り、他社との競争の中で自社を差別化するための対策を適切なタイミングで行うなど、PDCAの各フェーズを次のフェーズに円滑に回す歯車としての役割を果たしています。**ミーティングはつまり、PDCAを回す動力源なのです。**

　しかしミーティングを行えば、必ずビジネスでPDCAを回すことができるわけではありません。先ほど紹介したアンケート調査にもあったように、適切ではないミーティングは、ビジネスに貢献しないばかりか、ミーティングに対する負の意識を社員やスタッフに与えることになります。

　それではいよいよ次章から、PDCAとミーティングの最適な組み合わせとはどのようなものかについて、具体的に見ていきましょう。

第2章 まとめ

▶ PDCAは元来、工場現場で製造工程を管理し、製品の品質を改善する手法として考案されたものである。

▶ やがてPDCAは製造管理の枠を超えて、企業の競争力を高めるビジネス管理の手段として活用されるようになる。

▶ ビジネス管理の手法としてPDCAを用いる場合、①日次ではなく年次・月次の目標達成のための活動管理が難しい、②外部環境の影響を大きく受けやすい、という2つの点で難しさがある。

▶ ビジネス管理の手段としてPDCAを活用する場合、より長い時間軸で活動管理を行い、また外部影響を考慮した計画調整を頻繁に行わなくてはならない。

▶ ミーティングは、常に変化していくビジネスの状況を把握し、目標達成の落とし穴がないかを探り、他社との競争の中で自社を差別化するための対策を適切なタイミングで実行し、PDCAの各フェーズを円滑に回す歯車としての役割を果たす。ミーティングはPDCAを回す動力源なのである。

基礎編 第3章

ミーティングの設計と5つのタイプ

1 ミーティング設計にあたっての考え方

●──本書におけるミーティングの定義

　まえがきでも述べたように、本書ではビジネスにおけるミーティングの概念を非常に幅広く考えています。人と人が交流し、意見を表明・交換する行為は、たとえ廊下ですれ違った際の立ち話でも、飲み屋に集まって行う話であっても、ビジネス上の目的の達成に資する行為であるかぎり、それはミーティングとして位置づけられると考えます。

　私が昔あるプロジェクトに携わっていたとき、なかなか時間のとれない顧客のリーダーをつかまえるため、喫煙スペースで待ち伏せして、普段は吸わないタバコを一緒に吸いながらいろいろな相談をしたことがあります。
　一般的には仕事のうちに入らないこの行動ですが、プロジェクトにおいては、これも重要なミーティングだったのです。

　なお本書では、さまざまなミーティングタイプの中から、PDCAを回し、ビジネスを推進する際の基本となる5つのミーティングタイプについてご紹介します。

●──ミーティング設計で大切なのはWhyとHow

　ビジネスの場面に応じてミーティングタイプを選ぶことがなぜ大切なのかを理解するために、まずミーティングの設計について考えてみましょう。
　ミーティングの設計とはすなわち、誰が（Who）、いつ（When）、どこ

で（Where）、何を（What）、どんな目的で（Why）、どうやって（How）行うかという「5W1H」について決めるということです。

　ではミーティングを行う際、皆さんは5W１Hをどのような順番で、どのような基準で決定するかについて意識されたことはあるでしょうか？

　普段、ミーティングをセットする際にありがちなのは、Who、When、Where、Whatといった事務的な部分から決めていくパターンです。
　参加者の空き時間と空き会議室を押さえたら、何についてミーティングするかだけを書いて、招集メールを出してしまう。あとはミーティング資料の用意くらいで、ミーティングをどうやって行うかは当日の雰囲気まかせ、どんな目的でミーティングを行うべきかは自明のこととして、ほとんど意識しない……そんな感じで進められるケースが多いのではないでしょうか。
　関係者の時間と会議場所を押さえることは、もちろんとても重要です。ミーティングの参加人数が多かったり、会社の会議室が少なかったりするときはなおさらそうでしょう。しかし、**誰を呼び、どのような場所で、何について会議を行うかは、本当は、そのミーティングが目指している目的によって定められるべき**ものであるはずです。

　本書ではPDCAを回し、ビジネスを推進させるためには、社内で行われるミーティングの設計に関して、よりシステマティックなアプローチをとる必要があると考えます。
　それは図6に示しているように、**まずPDCAの場面に合わせてミーティングのWhyとHowを固めてから、それに基づいて、残りの4つ（Who、When、Where、What）を具体的に設計する**ということです。

図6 | ミーティング設計：ありがちな例と望ましい例

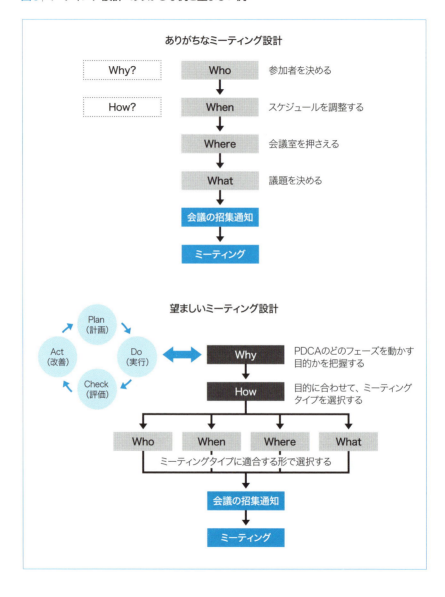

2 Why ——ミーティングの目的を明確にする

　実に当たり前のことのようで難しいのが、**「なぜこのミーティングを行うのか」というWhyを明確に定義し、順守することです**。

　たとえば現場の意見を吸い上げる場として設定したミーティングがいつのまにか上司の演説の場と化している、進捗を確認して課題を特定するためのミーティングのはずが、業績が伸びない犯人探しの場となっているなど、ミーティングが当初の目的からすっかり変質してしまっていることは、よく見られるのではないでしょうか。

　また、**メンバーがミーティングの目的を共有していないと、議論がまったくかみ合わないということも生じます**。たとえば、あるイベントを実行する際の役割分担を決める名目で招集されたミーティングで、そもそもイベントを行うべきかの議論が白熱するといったケースがこれにあたります。

　ビジネスにおけるミーティングの価値は、そのミーティングによってどれだけPDCAが回され、ビジネスを進めることができたかで測られます。PlanからDoへ、DoからCheckへ、CheckからActへ、そしてActからPlanへと、次の段階に進める動力源の役割を、ミーティングは果たさねばなりません。

　この目的を達成するためには、自分のチームが関わっている事業やプロジェクトがPDCAのどのフェーズにあるか、そしてそのフェーズで解決すべき課題は何なのかについての正確な理解のもとに、次のフェーズにつなげるために必要なことがミーティングの目的として設定されていることが大事です。

　逆にいえば、そのような目的を持たないミーティングは、ビジネスにおいてはムダなミーティングとなることを認識しましょう。

3 How ——ミーティングの5タイプ

　ミーティングの目的（Why）を明確にしたら、次に重要となってくるのが、**PDCAの各場面に合った適切なミーティング手法（How）を選択して、活用する**ことです。

　ところで、ミーティングはPDCAの各フェーズを円滑に回す動力源としての役割をどのような形で果たすのでしょうか？

　PlanからDoへ移行するためには、Planで策定した計画について皆で合意しなくてはなりません。DoからCheckに移るためには、実行状況を確認し、Checkすべき事象を洗い出さなくてはなりません。そして、Checkで明確な課題として認識され、簡単な解決が望めない事項は、Actで改善の方策を探ることになります。これらのディスカッションや意思決定をミーティングを通じて行うことで、より確実に達成することができるのです。

　各フェーズで行われるミーティングはしかし、同じ形式で進めて成功するほど単純ではありません。本書では、さまざまなミーティング手法から、PDCAを回すうえで基本となる5つのタイプ（合意形成型、セレモニー型、進捗確認型、リソース調整型、アイデアソン型）について紹介していきます。

1 合意形成型ミーティング（目線を合わせ、合意を導く）

　事業計画を立てるとき、新規事業を立ち上げるとき、予算の承認を得るときなど、ビジネスではさまざまな場面で関係者の合意形成が求められます。**合意形成型ミーティングは関係者の目線を合わせ、対立を解消し、合意に導くために行われます。**

詳細については後ほど具体的に説明するとして、ここでは、合意に導く際に関係者の目線を合わせることがなぜ重要なのか、合意形成型ミーティングが果たす役割とともに説明しておきましょう。

仮に仲間と登山に出かけ、「今日はどこで野宿するか」について決めなくてはならなくなったとします。

このとき大事なのは、宿泊場所について議論をすることよりも、まずは、どのような目的で宿泊するのかについて、皆が同じ考えを持つことです。「明日頂上にアタックする」ために一泊するのと、「このひどい吹雪の中で遭難しない」ために一泊するのとでは、ディスカッションの内容や合意する際の判断基準はまったく異なってくるはずです。

前者であれば、現在残っている体力と明日の行程を考えて、どこまで上に登るかという目線で決定するでしょう。後者であれば、どこに風や雪を避けられる場所があるか、それとも今いる場所にとどまらず下山したほうがよいかという目線で話し合いを行うべきです。

ここでAさんは「アタックする」ことを、Bさんは「遭難を回避する」ことを考えていた場合、それを互いが共有しないまま議論を始めても混乱するだけです。そのときは、「今の天候をどうとらえるか」という目線をまずそろえてから、どこに泊まるかの議論を行う必要があるのです。

「山に登ること」をビジネス目標としてとらえたとき、どこで野宿するかということは、ビジネスを進めるために合意すべき事項、天候は議論の前提となる現状認識として考えることができます。

私たちは議論を行う際、現状について十分に認識を合わせることなく、各自が自分の見ている風景、あるいは見たい風景をもとに話をしがちです。

合意形成型ミーティングは、このような状況を回避し、参加者が現状認識に関する目線を合わせられるような工夫を取り入れることで、より実質的な合意形成を実現するために行われます。

2 セレモニー型ミーティング（メンバーの心をひとつにする）

　セレモニー型ミーティングはメンバーの心をひとつにするため、儀礼的に行われるミーティングです。

　年度初めに、全社員あるいは部署のメンバー全員で集まって行う会議が、セレモニー型ミーティングの典型例です。そこでは昨年度の実績やその年の目標や計画が会社や部門のトップによって語られ、ミーティングが終わった後には懇親会なども開かれます。そのほか、年度の途中でも、たとえば営業主体の会社であれば重要営業月間の前に決起大会を行ったり、終了後に成績優秀者の表彰式を行ったりすることもあるでしょう。

　一般的に、このような会議がミーティングの一形態としてとらえられることは少ないようです。しかし、行うタイミングが限られるこれらのミーティングは、うまく活用すれば、ビジネスを進めるうえでの大きな推進力となるのです。

　セレモニー型ミーティングは、激しいディスカッションを行うことを目的としません。ディスカッションすることなく、一定の方向性について合意し、「方向性を順守する」という機運をつくりだすため、セレモニー型ミーティングでは参加者の意識を盛り上げることを重視します。

　したがって、セレモニー型ミーティングでは、他のミーティング以上にその形式にこだわります。たとえば会議場所についても、会社の中でも特別な会議室を使ったり、予算が許すのであればホテルの宴会場やレストランの一

角を貸し切るなど、普段のミーティングとは異なる特別な場所を用意して、気分を高める仕掛けをつくりだすことが重要になります。

3｜進捗確認型ミーティング（進捗から解決すべき課題・リスクを絞り込む）

　皆さんの日々のビジネスにおいて最も高い頻度で行われている社内ミーティングは、事業進捗の報告ではないでしょうか。これらのミーティングは毎月あるいは毎週で日時を定めて、定例で行っている部署も多いと思います。

　しかしこうした定例会議は往々にしてマンネリ化して、実質的なディスカッションが行われなくなるか、あるいはメンバーが行う現状報告にマネジメントがダメ出しをする場となり、目標達成に向けた精神論が振りかざされるケースが多いように思います。

　したがって進捗確認型ミーティングは、定例の進捗報告をマンネリ化させず、また業績の足を引っ張っている犯人探しの場にもならないよう、**進捗報告の内容から「進捗」「課題」「リスク」という3つの情報を抽出・分析し、各事業への対応の仕方を選別する仕組みをつくり、根づかせることを目的とします。**

4｜リソース調整型ミーティング（課題・リスクの評価に基づき、リソースを再配分する）

　事業計画を実行していると、一筋縄で解決できない深刻な課題やリスクが生じたり、景気の動向や競合の技術革新などの影響で当初想定したビジネス環境から大きな変化が生じたりすることがあります。

　このような深刻な課題やリスクの発生、事業環境の変化によって出されたアラート（注意信号）への対応策を、考え得るさまざまな選択肢から選び、その選択肢を実行するためのチーム内あるいはチーム間のリソース（ヒト・

モノ・カネ）の再配分について関係者の合意を得るために行うのが、リソース調整型ミーティングです。

リソースの再配分を行うということは、あるチームもしくはメンバーに利益をもたらす一方で、別のチームもしくはメンバーに不利益を甘受してもらうことを意味します。**全体最適を実現するという論理的な視点と、個々のチーム・メンバーに配慮するという感情的な視点のバランスをとりながら落としどころを探る**という点では、ミーティングをリードするマネジメントの経験や人間力が問われるミーティングでもあります。

なお「単純なリソース調整では対応が難しい」ということが明らかになった場合は、次にご紹介するアイデアソン型ミーティングに解決をゆだねる形をとります。

5 アイデアソン型ミーティング（新しい発想で課題を解決する）

アイデアソン型ミーティングは、ビジネス課題を解決するために皆でアイデアを出し合い、解決のためのソリューションをデザインするためのミーティングです。

アイデアソンとは、アイデアとマラソンという2つの言葉を組み合わせた造語で、ある特定のテーマについてメンバーが集まり、対話を通じて、新たなアイデア創出やアクションプラン、ビジネスモデルの構築などを短期間で行うイベントのことを指しています。ブレインストーミングの進化形といってもよいでしょう。

これまでにない新しい発想や斬新な解決案をミーティングの限られた時間の中で導き出すためには、自由奔放な討論を支える、緻密で確固としたミーティングの設計がカギとなります。

4 PDCAとミーティングタイプの組み合わせ方

ここまで紹介した5つのミーティングのタイプは、力を発揮するビジネス場面がそれぞれ異なります。図7に示すのがPDCAとミーティングタイプの「適材適所」な組み合わせです。

図7 | PDCAとミーティングタイプの組み合わせ

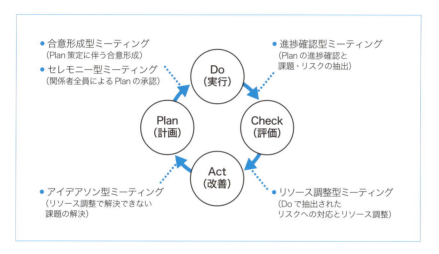

Planのフェーズは「計画の策定」と、「策定した計画の合意(承認)」という2つのタスクに大きく分けられるため、2種類のミーティングを定義しています。

それではいよいよ、次章の実践編から、PDCAとミーティングの具体的な組み合わせ方について見ていきましょう。

第3章 まとめ

▶ 本書では、人と人がビジネス上の目的を達成するために交流し、意見を表明・交換する行為は、すべてミーティングとして位置づける。

▶ ミーティングの設計では、「なぜこのミーティングを行うのか」という目的（Why）を明確にし、その目的を達成するための適切なミーティングタイプ（How）を選ぶことが重要となる。

▶ ビジネスにおけるミーティングの目的はPDCAを回すことにある。PDCAを回すための適材適所なミーティングの組み合わせは以下の通り。

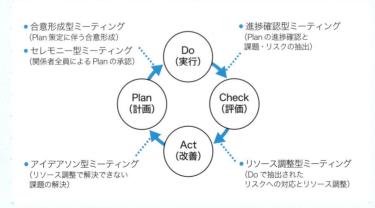

実践編 | 第4章

PlanをDoに導く
ミーティングの進め方とコツ

> ストーリー

ある企業の風景①

　佐藤一郎はITクラウドサービス事業を行っているX社の営業部に所属している。同社の営業部は4つのチームに分かれており、彼は来年度から、そのうちのひとつである会計管理サービスチームのチームリーダーを任されることになった。チームは5人のメンバー（3人の正社員と2人のスタッフ）から成り、関東圏を中心に、中小企業向け会計クラウドサービスの販売を手掛けている。

　昨日、新任の佐藤を含む4人のチームリーダーに対して、高見営業部長から「各チームの来期計画をとりまとめて、1か月後の営業部全体ミーティングで報告するように」という通知がなされた。

　新任リーダーの佐藤にとってチームの営業計画をまとめるのは初めての経験である。しかし同チームには立ち上げ当時から所属しているため、大きな勘どころは押さえており、自分1人でもチームの営業計画はまとめられると思っている。ただ、他のメンバーが今後営業活動の中心を担い、自分は管理する立場になることを考えたとき、計画を自分だけで決めてしまってよいものか、そもそもどのような計画が「よい計画」なのかについて思い悩んでいる。

> **Q** 佐藤リーダーはどうすれば「よい計画」をつくることができるのでしょうか？　また佐藤リーダーは計画策定の過程で、どのようにチームメンバーとコミュニケーションすればよいのでしょうか？

『七人の侍』が教える計画の条件

　PDCAの最初のフェーズであるPlanのゴールは、よい計画を立てることにあります。では、**よい計画とはどのような計画を指すのでしょうか？**

　よい計画であるためにはまず、計画が具体的でなくてはなりません。今期売上XX万円達成などの定量的に評価できる目標を実現するため、誰が、何を、いつまでに行うかということが計画に書かれていることは、よい計画の必要最低限の条件になります。しかし計画が具体的に描かれれば、本当にそれで目標は達成されるのでしょうか。

　黒澤明監督の代表作のひとつである『七人の侍』という映画をご存じでしょうか？　時代は戦国時代、ある農村が野盗から自分たちの村を守るため、侍を雇います。農民から依頼を受けた浪人・勘兵衛は自分を合わせた7人の侍で農民を訓練し、野盗を撃退するという内容です。

　この映画の大きなメッセージのひとつに、**計画を立案・実行するために、組織が必要とする人材は多様である**ということが挙げられます。このことを説明するため、哲学研究者の内田樹氏が『七人の侍』についてご自身のブログで述べられていた内容を少し引用させていただきます。[2]

　内田氏は『七人の侍』の役割について、以下のように定義しています。

　まず7人のうちの3人は「リーダー（勘兵衛）」「サブリーダー（五郎兵衛）」「イエスマン（七郎次）」と、リーダーが実現しようとしているプロジェクトに100%の支持を寄せる者たちです。

　イエスマンはリーダーのすべての指示に理非を問わずに従い、サブリーダーは「リーダーが見落としている必要なこと」を黙って片づけます。次にプロジェクトに独自の視点で関わる2名として、「斬り込み隊長－エース（久

[2] http://blog.tatsuru.com/2010/11/22_1626.php

蔵）」「トリックスター（菊千代、物語をかきみだすいたずら者）」を挙げています。

　斬り込み隊長は自律的・遊撃的な動きをしつつ、リーダーのプランを直ちに実現する能力を持っています。一方、トリックスターは異なる世界（映画で言うと農民と武士の世界）をつなぐ者としての役割を果たします。残りの2名は、苦しいときに重宝する「ムードメーカー」（平八）と、6人から教育される「ルーキー」（勝四郎）です。
「リーダー」「サブリーダー」「イエスマン」「エース」「トリックスター」「ムードメーカー」「ルーキー」の多様な7人が集まることで、初めて農村を守る計画を実行に移すことができるわけです。

　ここにPDCAのPlan（計画）フェーズで計画を考える際の大きなヒントがあります。よい計画は、リーダー、イエスマンと、実行能力があるエースだけで成立するのではなく、**多様な人材がそれぞれの役割をまっとうすることで初めて可能になるのです。**

◉──トップと現場が共振して計画を策定する

　急速に複雑化し、急激な変化を常とする現代のビジネス環境では、マネジメントが正しい戦略方針・ビジョンを策定するだけでなく、現場メンバーの顧客に対する知識や経験、さらには個人として有する強みや独創性といった「現場力」を活かしきらなくては、厳しい競争に生き残っていくことはできません。

　古くはトヨタのかんばん方式を生み出した大野耐一氏や松下幸之助氏、最近では星野リゾートの星野佳路氏らが現場力の重要性を説いていますが、ここではもうひとつの例として、ユニ・チャームの高原豪久社長についてご紹

介します。

　高原氏は、2001年に創業者から経営を引き継いでからわずか14年で、売上を3倍の6000億円近くにまで伸ばした経営者です。創業者である先代社長が1人で会社を牽引する「カリスマ経営」であったのに対し、高原氏はコミュニケーション重視で経営と現場がつながって呼応しあう「共振の経営」に転換することを決めます。ユニ・チャームのウェブサイトでは、共振の経営について以下のように述べられています。

「社員全員が進むべき方向やビジョンを共有でき、一人ひとりが何をすべきなのか？を明確化する。上司や同僚、部下からも刺激を受けながら、自分自身の計画（Plan）を詳細に立て、プランを立てっぱなしにせず、愚直に実行し、できるだけ多く途中進捗を確認し、プランを修正し、また実行する。このような取り組みを全社員で実行しています」[3]

　実際に顧客に相対している現場メンバーが権限と責任をもって自ら計画を策定する一方、マネジメントは現場の活動の細かい部分を管理するのではなく、メンバーが正しい方向に向かうようにビジョンを示し、メンバーが困ったときには的確なサポートや意思決定を行うことに専念するというわけです。

　このように、マネジメントとメンバーが意識を合わせ、ひとつの方向に向かって事業計画を収斂させていくプロセスを実現するのが、**合意形成型ミーティング**の果たすべき役割となります。

[3] http://www.unicharm.co.jp/saiyo/fresh/about/management.html

Planを策定するための
合意形成型ミーティング——ゴール

　これまで見てきたように、よい計画は、現場の多様な能力・スキルを最大限に発揮することを可能にします。しかし、このような計画をマネジメントと現場が協力してつくりあげるには、両者間の信頼関係が必要です。

　部下を信頼せずに社長や役員の顔色ばかりを気にしているマネジメントは、計画数値だけが独り歩きしている計画書を作成し、現場に押しつけるでしょう。一方、マネジメントが自分たちの味方であると思っていない現場は、計画が達成されなかった際の叱責や低評価を恐れ、自らの実力やポテンシャルを隠し、低めに目標値を申告するかもしれません。

　合意形成型ミーティングは、上記のような状況が起こらないようにするため、**対等な2つのコミュニケーションの流れをつくり、マネジメントと現場の目線を合わせ、信頼関係を醸成することによって的確な計画を策定する**ことをゴールとします。

　2つのコミュニケーションの流れとは、マネジメントから現場にビジョンや戦略を伝える「上意下達」の流れと、現場からマネジメントに市場の現実や現場が肌感覚で感じている状況を伝える「下意上達」の流れを意味します。ここで注意していただきたいのは、2つのコミュニケーションの流れを対等にすることがすなわち、多くの会社にとって、「下意上達」の流れをきちんと設計することにつながるということです。

　マネジメントと現場には圧倒的な立場の差があります。立場の弱い現場側の目線にどれだけマネジメントが立つことができるか、そしてその目線に立って自分の考えている事業の大きなビジョンを語ることで、いかに現場を意識づけできるかが、合意形成型ミーティングの大きなポイントとなります。

Planを策定するための合意形成型ミーティング──事前準備

コツその01　メンバー全員と1人ずつ行い、現場の状況を把握する

　合意形成型ミーティングでは、原則として、マネジメントがチームメンバー全員と、1人ずつミーティングをセットします。部門の人数が多く、いくつかのチームに分かれている場合は、チームリーダーがそれぞれのメンバーと会話し、部門リーダーはチームリーダーと会話するという形をとります。

　仮に10人のメンバーと1人30分ずつ会話するとなると、それだけで5時間もの時間がとられます。それでもリーダーはメンバー全員と1人ずつ会話をしたほうがよいのです。なぜでしょうか。

　具体的にはまず、**①1人ずつ話をすることで本音を引き出しやすくなります**。なぜ自分の昨年度の仕事がうまくいかなかったのか、あるいは同僚への愚痴のようなものは、皆の前で話しづらいことですが、マネジメントにとっては重要な情報です。1対1の場でこれらの話を引き出すことで、リーダーがこれまで見えていなかった現実を知ることができます。

　次に、**②1人ずつの会話では、より正直な情報を話す可能性が高まります**。「囚人のジレンマ」という有名な理論をご存じでしょうか。2人の共犯者が別々に独房に入れられ、連絡がとれない状態で警察に自白を強要されたときにどのような行動を採るかという理論です。

　2人とも黙秘を貫けば、それぞれ1年の懲役につくことになります。一方、2人とも自白した場合は、それぞれ5年の懲役につくことになります。しか

し仮に1人が自白して、もう1人が黙秘した場合、自白者は恩赦で無罪となるが、黙秘した者は懲役10年の刑に服さなければいけないとします。

このとき経済学的に見て、2人にとって最も有利な結果は、互いに黙秘を貫き、1年の懲役判決を受けることです。でも実際には、相手のみが自白して無罪放免となり、自分だけが懲役10年という不利益を被るのを防ぐために、2人ともに自白して、5年の懲役に服する結果となるということです。

図8｜囚人のジレンマ

囚人A \ 囚人B	黙秘	自白
黙秘	A：懲役1年 B：懲役1年	A：懲役10年 B：無罪
自白	A：無罪 B：懲役10年	A：懲役5年 B：懲役5年

もちろん現実のチームでは、メンバーがお互い自由に情報交換できる状態です。しかしたとえば、メンバー間で競争関係があり、かつコミュニケーションが少ない場合、競争相手が何を話したかわからず、また聞くこともできないという状況が生じます。そんな状況下では、できるかぎり正直に自分の話をすることで、自身の不利益を回避しようとするでしょう。

メンバー全員と1人ずつミーティングをセットすることには、さらにもうひとつのメリットがあります。それは、**③各メンバーの目線の違いを横並びで比較できる**ことです。

たとえば、現在の市場をどのように考えているか、自分たちが売っている商品の特性はどこにあるか、どのような売り方が効果的かといったことに対

して、総論としては同じ答えを持っていても、各論の部分、たとえばなぜそのように思うのかという理由については、異なる場合があります。

　今の市場は伸び悩んでいるという現状把握は同じであっても、あるメンバーは広告の打ち方に問題があると考えていて、他のメンバーは接客の仕方に問題があると考えているかもしれません。全員一緒に話をしてしまうと、互いへの遠慮から、こうした違いが引き出せなくなります。

　メンバーそれぞれの異なる意見に注目することで、問題の全体像がつかめる可能性があるのです。

コツその02　心理的に遠いメンバーから先に話を聞く

　合意形成型ミーティングをセットする際、次に気にかけることは、どのメンバーと先に話すのかという順番です。

　相手と自分の都合が許すようであれば、**なるべく自分と心理的距離の遠いメンバーから話を聞くといいでしょう。**

　なるべく心理的距離が遠いと感じているメンバーからヒアリングを始め、最後に自分が腹心と思っているメンバーとのミーティングを行うと、これまで見えていたものとは少し異なる風景が見えてくることがあります。その違和感こそが実は、よい計画を立案するための大事なポイントとなります。

　自分に近いメンバーは自分と同じ物の見方をしているか、イエスマンであることが多いものです。このようなメンバーとの会話ではマネジメントにとって都合のいい情報が強調され、都合の悪い情報はゆがめられ、隠されることが意識的・無意識的に行われます。だからこそなるべく遠いメンバーから話を聞き、その話をベースに、自分に近いメンバーからも本当のところを聞き出すという姿勢が大切なのです。

コツその03　場所と時間は相手の都合で決める

　次に決めるのは、ミーティングを行う場所です。メンバー全員と話をするのは大変だから、ひとつの会議室（または自分の部屋）に呼びつけて、ぶっつづけで順番にやっていくというのは、効率的な手法ではあります。

　しかし、よい計画をつくりたいと思う場合は、できるかぎり**メンバーの現場に近いところでミーティングをセットすること**をお勧めします。

　自分が慣れた場所でミーティングするのと相手のフィールドに出向くのでは心理的に大きな差が生まれます。マネジメントはメンバーに対して、基本的に強い立場にあるため、その強い立場をさらに補強するような形で自分のオフィスにメンバーを呼びつけてミーティングを行うと、メンバーはより萎縮する立場に置かれてしまうことを認識しましょう。

　メンバーにミーティングの場の設定をゆだね、自分の「縄張り」でミーティングを行ってもらうことで、よりマネジメントとメンバーが対等な状況を設定できます。またマネジメントにとっても、メンバーが担当している現場を実際に観察することで、現状に対する理解を深めることができますから、一挙両得です。

Planを策定するための 合意形成型ミーティング──進め方

コツその04 相手への敬意を示す

「相手への敬意を示す」ことは、合意形成型ミーティングに限らず、あらゆるミーティングで最も大切な要素です。

　ミーティングでは、ミーティング中の表情や言動から感じとられる接し方や態度も、相手に対する重要なメッセージとなります。そこで自分に対する敬意が感じられないとき、必要以上に話はこじれます。一方、自分に対する敬意が感じられた場合、たとえその話の内容が意に沿わないものとなったとしても、そこでの摩擦を最小限に抑えることができます。

　余談になりますが、私がまだ20代の若いとき、ある国会議員の先生に相談で時間をとっていただき、事務所にお邪魔したことがあります。
　夏の暑い日だったので、その先生はワイシャツ姿で、少しネクタイをゆるめて書類をご覧になっていました。しかし私が応接ソファに座ると、先生はハンガーにかけてあったスーツの上着をとり、ネクタイをきちんと締め直し、「お待たせしました」と言って私の前に座ったのです。
　相談に対してはあまりよい返事をもらうことができなかったものの、実に敬意をもって自分に対応してくれたことに感激したことを覚えています。

マネジメントだからこそ、同じ目標を背負い、同じ苦労を分かち合っているメンバーに対して常にきちんと敬意をもって接するようにしてください。
そのことが現場の力とやる気を生み出し、計画にも反映されるのです。

コツその05　最初の30分は相手のペースで

株式会社コーチ・エィとコーチング研究所が2014年に行った「上司と部下の会話に関するアンケート調査」[4]に、「あなたと直属の上司の会話での『話している時間の割合』をお答えください」という質問項目があります。その結果は以下の通りです。

①上司100%／自分0%　　0.4%
②上司75%／自分25%　　31%
③上司50%／自分50%　　43%
④上司25%／自分75%　　25%
⑤上司0%／自分100%　　 0%

合意形成型ミーティングにおいて重要なのは、マネジメントとメンバーの間に双方向の対等なコミュニケーションの流れをつくることです。では同ミーティングにおいて、マネジメントとメンバーが話をする割合が1：1、すなわち上司50%／自分50%であれば、対等なコミュニケーションを構築できているといえるのでしょうか。

ここで注意すべきは、マネジメントとメンバーの立場は対等ではない、ということです。

多くの企業では、マネジメントがメンバーの人事権や評価権限を持っています。その中で、なるべく本音に近い話を引き出すためには、**マネジメントが話をする割合をできるかぎり減らす**必要があります。

先の例でいえば、上司25%／自分75%か、それよりも上司が話をする割

[4] http://www.coacha.com/wgc/enquete/20140730/report/report_wgcenquete_004.pdf

合が少ないぐらいで初めて、メンバーは自分の忌憚のない意見を言うことができたと感じることができるでしょう。

このコツを効果的に実現するため、**合意形成型ミーティングでは少なくとも最初の30分は相手の話をさえぎったり、自分が望む方向に話を誘導したりはせず、相手のペースで話をさせるとよい**と思います。

メンバーは、どうしても上司であるマネジメントに気兼ねをします。その中で、メンバーが抱えている課題・ニーズを引き出しきるためには、相手が話をしたいように話をさせることが重要です。

マネジメント側に、ある特定の内容について深掘りしたいというような思いがあると、どうしてもその方向に話を誘導しがちですが、**こちらから話をする順番を決めず、話しやすい内容から話してもらう**ことです。

どのような順番で何について話をしてくるかによって、そのメンバーの関心がどこにあるかも把握できるという副次的な効果を得ることもできます。

コツその06　自分の考えに誘導しない

たとえばメンバーがミーティングの中で、「A社に営業をかけてもなかなか売上が立たない」とあなたに話したとします。そのとき、「あそこの部長は競合のX社びいきだから仕方がないよな」と思っていたら、よくよく話を聞いてみると、実際には商品競争力が原因で売上をY社に奪われていたなど、自分の理解と異なっていたという経験はないでしょうか。

メンバーが抱えている課題について話を聞くときは、**メンバーの見解に必ずきちんと耳をかたむけ、自分の考えや思い込みで簡単に話を理解したり、結論づけたりしない姿勢でのぞみましょう。**

また、質問する際にも、聞きたいことをシンプルに質問し、自分の考えは含めないようにするのがポイントです。よく、「私はこう思うが、君はどうかな？」という感じで質問される方がいらっしゃいますが、そのように聞かれると、メンバーによってはマネジメントの意に沿う回答しかしなくなります。

　メンバーは、マネジメントであるあなたが考えているよりも、はるかに意識的に発言を行っています。ある方向に誘導するような質問をした瞬間、真実を知る機会は遠のいてしまいますので、くれぐれも注意してください。

コツその07　教えない

　メンバーの苦労話や抱えている課題について聞いているうち、自分の経験と照らし合わせて、「これはこうやればいい」などと教えたくなるものです。しかしそこはぐっとこらえてください。ビジネスではマネジメントがメンターとしてメンバーに教えるべき場面もありますが、計画策定を進める合意形成型ミーティングはそのような場ではありません。

　メンバーが自らの責任で計画を立案し、実行する流れをつくるためには、マネジメントはコーチングしたり教育したりする立場に立たないことが重要です。メンバーもまたビジネスのプロフェッショナルですから、自身のビジネスに対して責任を持ってもらうべきなのです。

　もちろん、メンバーのほうから知恵や意見を求めてくる場面もあると思います。その質問が部署全体の戦略やビジョンに関わること、すなわちマネジメントが責任をもって定めるべき内容であった場合は、丁寧に答えるようにしましょう。

しかし質問の内容が、本来そのメンバーが責任をもって遂行すべき業務の範疇に属することである場合、そのメンバーがベテランか新人かにもよりますが、質問へのストレートな回答は避けましょう。

　自分がそのことについて正解と思っていることは原則として伝えず、自分の過去の経験はどうであったか、あるいは自分であれば問題に対してどのようなアプローチで考えるかという形で意見するようにしてみてください。

　たとえば、ある製品を販売する際にお客様からの値引き交渉が多くて困っているが、どうすればよいかというような質問をメンバーにされたとします。そのとき、過去に自分が営業職だったときの体験談、たとえば値引きに応じる代わりに他の製品も購入してもらうことに合意していただいたといったことについて話をしてみましょう。

　あるいは自分であれば値引きを求める原因はどこにあるのか（顧客の市場環境なのか、競合製品が値引き攻勢をかけているのか、それとも顧客が単純に製品にそれだけの価値を見出していないのか）を分析するというように、考え方の切り口を提供する形もよいと思います。

　これらのことを**自慢に聞こえないよう、また押しつけにならないように慎重に伝える**ことができれば、メンバーは自分の頭で考える力を養うことができ、また自力で、自分が納得できる答えにたどり着く可能性が高くなります。

コツその08　復唱し、思いを伝える

　ひととおりメンバーの話を聞き終えたら、**リーダーはメンバーの話を要約、整理して復唱しましょう。**このことでメンバーの話をきちんと聞いていた（実際に話を聞いていないとまとめられません）ことを相手に印象づけられ

ます。

　相手の話を復唱するという手法は、カウンセラーによる心理療法でも使われています。相手のしぐさや動作をまねて同じように行動したり、相手の言うことを復唱したりすると、相手が自分に対する親近感を増すことがわかっていて、これは「ミラーリング効果」という言葉で呼ばれています。
　合意形成型ミーティングでもこのミラーリング効果は有効です。**メンバーが自分の考え方、思い、言葉が最大限に尊重され、正確に受け止められていると感じることで、より率直な会話を行うことが可能となる**のです。

　メンバーの話を復唱したら、次はマネジメントが自分の思いやビジョンを伝え、メンバーと計画に関する目線をすり合わせていきます。
　マネジメントが自身の計画に対するビジョンをどのように伝えるかは、その人なりのマネジメントのスタイルを出していただくのがよいと思います。単刀直入に伝える、あるいはきちんと理由を説明してから伝えるなどさまざまな方法がありますが、**大事なのは、マネジメントの事業に対する"熱"を論理的かつ簡潔に伝えること**です。

　マネジメントのビジョンを伝えたら、計画を記入するフォーマットについて説明を行い、内容の記載を依頼します。記載の期限は3日から5日以内くらい、土日を挟んでも1週間以内程度で返してもらうようにします。

コツその09　フォーマットを使って目線をすり合わせる

　Planのフェーズにおける合意形成型ミーティングを成功させるための重

要な道具となるのが、計画書フォーマットです。合意形成型ミーティングで利用する計画フォーマットを、本書では「個別計画書」と呼ぶことにします。これは後ほどセレモニー型ミーティングのパートで紹介する、個別計画書をまとめた全体計画書と区別するためです。

個別計画書はメンバーごとに1枚ずつ作成する場合と、少人数のチーム単位で1枚を皆で共同して作成する場合の2つのパターンがあります。メンバーの活動内容が大きく異なる場合は各自1枚ずつ、そうでない場合はチーム全員で1枚の計画書を作成する形でよいと思います。

ここで大事なのは、**必要な内容をすべて盛り込みつつ、できるかぎり1枚にまとめる**ということです。1枚にまとめるためには記載内容を慎重に絞り込まなくてはなりません。図9は、冒頭のストーリーで例に挙げたX社の佐藤チームでまとめた計画書の例です。

個別計画書では、ターゲット顧客分析と競合分析から自社サービスの強みをもとに立案された事業戦略の概要について記載します。**どのような製品・サービスを、どのような戦略に基づき提供するかについて整理し文章化することは、関係者全員が共通理解を持つための重要なポイント**となります。

下半分のスペースには、戦略によって実現される年間、四半期ごとの目標を記載しています。設定する目標は3つ程度に収めることで、簡潔かつわかりやすくするべきです。目標の下には、目標を実現するための販売アプローチ、チームメンバーの役割、予算、課題について記載するとともに、現状考えられる対応策およびマネジメントへのリクエストについて記載します。

先ほども述べたように、重要なのは詳細に書きすぎることなく、必要な事項だけを記載して1ページにまとめることです。もしどうしても追加したい

図9 | 個別計画書の記載例

チーム：クラウドサービス営業部会計管理サービス
リーダー：佐藤一郎

ターゲット顧客・顧客の課題

ターゲット顧客
- ターゲットエリア：関東圏
- ～年商10億円までの地元に根差した中小企業

顧客の課題
- 家族経営や従業員数10名以下の企業で、会計管理に多額のコストをかけられない
- 財務分析を通じて、ビジネスに活用できる次の打ち手等を見出す手間、スキルが不足している

事業戦略

付加サービスの差別化によるソフトウェアユーザーの取り込み
- 昨年度にサービス開始した会計クラウドサービスの拡大（1億円→2億円に拡大）
- 現在、A社のソフトウェアを利用しているユーザーを重点ターゲットに営業
- クラウドサービスの強みを活かせる、ソフトウェアの自動更新、会計分析代行、データ入力支援等のメニューを用意
- 既存ソフトウェアから乗り換えを図るクライアントには、古いデータのクラウド移行を無償化することで、年度末前の需要を取り込む

競合分析・評価

競合
- 会計管理サービスという視点で、A社、B社の会計管理ソフトウェアの2社がほとんどのシェアを押さえる

顧客の課題
- ソフトウェアを導入後、うまく使いこなせていないとの声が全体の2割を占める
- 分析機能はあるが、中小企業で使いこなすのは困難
- テクニカルサポートを受け続けるためには、バージョンアップコストがかかる

■ **目標**

1. 売上
   - 第1四半期 ： 25,000（千円）
   - 第2四半期 ： 25,000（千円）
   - 第3四半期 ： 50,000（千円）
   - 第4四半期 ： 100,000（千円）
   - 年間計 ： 200,000（千円）
   （昨年度比：+100,000千円）

2. 顧客数 ：300社（+150社）
3. 顧客満足度：クレーム件数年間10件以内

■ **販売アプローチ**

	内容	期限	コメント
Step1：	エリア内顧客リスト更新	4末	昨年度リストの更新
Step2：	ビジネスイベント開催	7月	関東圏内10都市で開催
Step3：	キャンペーンメニュー発表	7月	ビジネスイベントにて発表
Step4：	見込み客営業本格化	8月	ターゲットを300社に絞り込み営業

■ **役割分担**

- チームリーダー　佐藤　全体統括、重要クライアント訪問営業
- チームメンバー　中村　顧客リスト管理、訪問営業
- チームメンバー　木村　ビジネスイベント企画、関連業者との交渉
- チームメンバー　高橋　ビジネス管理、社内事務支援

■ **予算（人件費以外）**　イベント費用：2,000万（200万×10回）　交通費：100万円

■ **課題・リクエスト**

メンバー／サブチーム名	想定される主なリスク	対応策・リクエスト	対応期限	意思決定者
中村（訪問営業）	ビジネスイベントにより想定以上の引き合いがあったとき、対応に限界あり	重要クライアントは佐藤が担当	随時	佐藤
		イベント終了後、必要に応じ木村も訪問営業支援	8月-	佐藤
		対応不能なときは、他チームからのスポット応援をお願いしたい	リクエスト時（7月以降）	佐藤→マネジメント

詳細情報がある場合は、別途補足資料としてまとめるようにします。1ページにまとめ、すべての部門で同一のフォーマットを活用することで、いつでも簡単に計画書を一覧でき、また他チームとの比較を行うことができるようになります。

コツその10　必要なときだけ交渉する

　個別計画書の該当部分を記入してもらったら、もう一度、合意形成型ミーティングを行い、記入を行ったメンバーにその内容について簡潔に説明してもらいます。

　個別計画書にマネジメントが期待する目標値と、それを裏付けるに足りる具体性をもった計画内容が記載されている場合、そのメンバーの計画書作成は終了となります。

　なお、提出されてきた計画書がマネジメントの考える要求水準を最初から満たしているからといって、さらに目標値を高くできるのではないかと無理な交渉を行うことは避けましょう。衝突なくすんなりと計画が定まることは、最も望ましい合意形成のあり方です。

　一方、当然のことながら、いつもマネジメントの要求する水準で計画案が提出されるわけではありません。むしろ、期待より低い目標値で計画が出される、あるいは目標値は期待の範囲内であるが、その目標を支える活動が具体的ではないといったケースのほうが多いかもしれません。

　このとき大事なのは、まず全メンバーの記載内容を横並びで眺めてみることです。**どのメンバーも低い目標値を記載していたり、計画書の空白が目立ったりするようなら、それはメンバーの怠慢ではなく、マネジメントであ**

るあなたに対するメッセージであると思ってください。マネジメントとしてのビジョンが正確に伝わっていない、目標がそもそも無謀である、あるいはメンバーが頭では理解していても自分のものとして落とし込めていないことを、その空白は意味しています。

　このようなときはもう一度、1人ずつミーティングをセットして、あなたのビジョンを丁寧に伝え、空白部をどのようにしたら埋めることができるかについて一緒に考えてみましょう。時間の無駄と思われるかもしれませんが、計画立案はマネジメントが最も慎重になるべきときなのです。

　一方、1人もしくはごく少数のメンバーだけ極端に計画値が低く抽象的であったり、あるいは計画を実現するために要求する人・モノ・カネがあまりに過大であったりする場合は、そのメンバーとのみ3度目の合意形成型ミーティングを行い、計画値の修正について交渉を行います。

　3度目の合意形成型ミーティングでは、以下の3点についてメンバーの論理を確認します。

A）計画の背景（市場と顧客、競合の動きなど）をどのように考えたか
B）計画目標値はどのような前提条件から導き出したのか
　　（昨年度の市場の伸びと自社シェアから計算した等）
C）計画書に記載したリクエストと計画目標値の関係性
　　（リクエストを満たさないと目標は本当に達成されないのか）

　そのうえで、どの要素をどのように再解釈すれば目標とする数値に達するかについて議論を行います。
　たとえばAという背景から、Bという前提条件を考え、Cというリクエストが満たされれば目標値が達成されるといったとき、

・そもそもAはビジネス環境を取り巻く現状と合っているのか
・AならばB、BならばC、という因果関係は正しいのか
・Aから導き出される選択肢はBのみか、それともB'があるのか
・B'のとき、Cはどのような状況になるのか（C'はあるのか）

といった議論の進め方が可能になります。
　こうした議論の整理から、お互いにとって論理的な解を導き出していくことができるのです。

Planを策定するための合意形成型ミーティング——事後対応

コツその11　1対1のミーティングでは議事録をつくらない

　合意形成型ミーティングは1対1のクローズドな環境で行うのが基本です。

　メンバーの話す内容には、クローズドであるがゆえに話せるような内容、たとえば組織や同僚に対する愚痴なども含まれるでしょう。

　このようなセンシティブな内容を書面で残したり、なんらかの手違いで他のメンバーに開示されたりするようなことがあると、信頼を大きく損ねてしまいます。

　したがって合意形成型ミーティングでは、具体的にどのような会話を行ったかという議事録を作成しないのが原則となります。

　一方、合意形成型ミーティングで議論された内容は、現場から出される計画書に多かれ少なかれ反映されています。そういう意味では、**合意形成型ミーティングの真の議事録は、計画書そのものである**ともいえます。

　ミーティング中に備忘録として、話の内容を自分のノートにメモとしてとっておくのはよいと思います。メモは、先ほどのコツで述べた復唱を行ううえでも必要ですし、メンバーから計画書が出てきたとき、その内容が当日会話した議論と一致しているかを確認するうえで効果的であるからです。

　ただこの場合でも、相手が「メモをとらないでほしい」と言った内容についてメモをとることは控えましょう。

Planを策定するための合意形成型ミーティング──メンバー側の視点

コツその12　数字の前提条件を明らかに

　ここまでマネジメントの立場から合意形成型ミーティングについて述べてきましたが、本項ではメンバー側に立ったとき、どんなポイントに気をつけて計画を策定するとよいかについて説明したいと思います。

　メンバーには、合意形成型ミーティングのいわば成果物として、計画書を作成・説明することが求められます。その際、どんな前提条件に基づいてロジックを組み上げたかを常に意識しながら作成し、そのロジックにしたがって説明することが大事です。

　たとえば、ある地区で化粧品の売上目標を立てるとき、

・顧客ターゲットを30代の働く女性とすると、
・ターゲットの市場規模は××万人となり、
・このターゲットは××万円を化粧品代として年間使っているので、
・その×割のシェアをとれるとすると、計画目標は××億円となる

といった形で整理しておけば、顧客ターゲットの年齢層や属性などの前提が異なってきた際も再計算がしやすくなります。

　また、計画策定後、たとえばDo（実行）の段階で問題が生じて目標を達成できなかったときも、なぜそのようなことが起こったかについて、原因を分析し、マネジメントに説明できるようになります。

Planをトップダウンで策定する際のミーティング手法

　本書では現場のメンバーが権限と責任をもって自ら計画を策定し、マネジメントは現場活動のサポートと意思決定に専念するという合意形成による計画策定を推奨しています。

　しかし合意形成型ミーティングで各メンバーと計画策定の交渉を重ねたにもかかわらず、どうしても案がまとまらず暗礁に乗り上げてしまう、あるいは、危機的な経営状況の中で野心的な事業計画を早急にまとめなくてはならなくなる、といったときがあります。

　このようなケースにおいては、例外的に、**トップダウンによる計画策定を行う必要が出てきます。このときの計画発表の手法として活用されるのは、上意下達型ミーティングです。**

　上意下達型ミーティングでは、マネジメントリーダーが事業のビジョン、目標値、そして実現のための戦略をトップダウンで提示します。その後、内容についてメンバーからのさまざまな質問を受けつけますが、質問はあくまでマネジメントが策定した計画に対する理解を深めてもらうために行うものであり、質問を通じた議論によって計画内容が変更されることは原則としてありません。

　リーダーがメンバーの意見聴取にできるかぎり真摯に時間を割きつつ、しかし要望を受け入れる余地はないので、この計画に協力してほしいという意志を貫き通せるかが、このミーティングの成功を左右します。

第4章 まとめ その1

▶ 急速に複雑化し変化を遂げているビジネス環境下では、マネジメントが正しい戦略方針・ビジョンを策定するだけでなく、現場メンバーの顧客に対する知識や経験、さらには個人として有する強みや独創性といった「現場力」を活かしきり、トップと現場が合意形成していくことが、よい計画を策定するためのコツとなる。

▶ Plan（計画）フェーズにおけるこのような計画策定を可能にするのが合意形成型ミーティングである。

図10 | 合意形成型ミーティングのコツ

ゴール	対等な2つのコミュニケーションの流れをつくり、マネジメントと現場の目線を合わせ、信頼関係を醸成することで、的確な計画を策定する
事前準備	1 ▶ メンバー全員と1人ずつ行う 2 ▶ 心理的に遠いメンバーから先に話を聞く 3 ▶ 場所と時間は相手の都合で決める
進め方	4 ▶ 相手への敬意を示す 5 ▶ 最初の30分は相手のペースで 6 ▶ 自分の考えに誘導しない 7 ▶ 教えない 8 ▶ 復唱し、思いを伝える 9 ▶ フォーマットで目線をすり合わせる 10 ▶ 必要なときだけ交渉する
事後対応	11 ▶ 1対1のミーティングでは議事録をつくらない
メンバー側の視点	12 ▶ 数字の前提条件を明らかに

> ストーリー

ある企業の風景②

　吉田美里はX社の営業部企画チームに所属するマネジャーで、営業部全体ミーティングの企画・運営をまかされている。彼女は今日、高見営業部長に呼び出されて、こう伝えられた。
「来年度の営業計画はチームリーダーにつくらせて、次回の営業部全体ミーティングで発表させるから、そのつもりで企画してほしい」
　これまでは営業部の規模が大きくなかったこともあり、営業部全体ミーティングでは営業部長が計画案を策定・発表し、チームリーダーやメンバーは、意見を聞かれることはあっても、基本的に営業部長が決めた数字を頑張って達成するという方式をとっていた。
　しかし、今年から顧客情報管理サービスチームが新設されて3チームから4チームとなり、営業部の人数も増えたことから、営業部長はチームリーダーに計画策定と全体ミーティングでの発表をまかせることにしたようだ。
　これまでの全体ミーティングは皆が義務的に参加している感が否めず、ミーティングの後半には居眠りをしていたり、目立たないように内職していたりする姿も散見されていた。
　吉田は現場のチームリーダーが計画策定の責任を持ち、自ら計画を発表するこの機会をうまく活用して、全体ミーティングをチームの雰囲気を盛り上げる場にしたいと考えている。

Q 　吉田マネジャーはどのように全体ミーティングを設計すれば、チームを盛り上げることができるのでしょうか？　また、計画策定を現場にまかせた高見営業部長は、どのようなことを全体ミーティングで話せばよいのでしょうか？

PlanをDoに導く
セレモニー型ミーティング──ゴール

● ──ビジネスの「ハレ」の場を演出するセレモニー型ミーティング

　合意形成型ミーティングで計画の素案がまとまったら、次に行うべきは、チームメンバー全員で計画を承認し、Do（実行）の段階へ駒を進めることです。ここで活用されるのがセレモニー型ミーティングです。

　セレモニー型ミーティングのゴールは、関係者全員で集まって計画を合意・承認するとともに、その権威づけを行うことです。このミーティングは、年次計画の承認や重要な社内横断プロジェクトの計画承認などPlan段階で定められた計画を承認するという、年に数回の重要な議決を行う場面で活用される、極めて特殊なミーティング手法となります。

　人によってはこのようなセレモニーはミーティングの部類に入らないと感じられるかもしれません。しかしセレモニー型ミーティングは、Planを承認し、Doのフェーズにビジネスを進めるための区切りをつける、極めて重要な役割を担っています。

　ところで皆さんは「ハレ」と「ケ」という言葉をご存じでしょうか。これは民俗学者の柳田國男氏が提唱した考え方で、「ハレ」とは正月などの祭日やお祭り、結婚式といった非日常の行事が行われる時間のことを、「ケ」とは普段の日常生活や労働の時間のことを、それぞれ指します。

　セレモニー型ミーティングは企業運営の中に、「ハレ」の時間、すなわち非日常の時間をつくるとともに、計画策定というビジネスにおいて最も重要なタイミングを演出することで結束を固め、チーム全体のモチベーションを高める役割を果たすのです。

PlanをDoに導く セレモニー型ミーティング──事前準備

コツその13　全体計画書を1枚でまとめる

　セレモニー型ミーティングでは、合意形成型ミーティングを通じて作成された計画書の発表を行います。

　チーム数やメンバーの人数が少ない場合は、個別計画書をそのまま発表する形でよい場合もありますが、多くの人数がいる場合や計画の全体感を示したいときは、個別計画書をひとつにまとめた全体計画書を作成します。

　次ページに掲載したのは、X社のクラウドサービス営業部でまとめた全体計画書の例です。

　全体計画書でまとめるべき内容は、**①事業のビジョン、②事業目標、③チーム／メンバーごとの目標、④現状の課題・リスクと上位マネジメントに対するリクエスト**となります。個別計画書がメンバーによって作成された場合は、チーム名を記載しているところにメンバー名を記載します。

　目標数値は各メンバーから挙がってきた報告を集計します。また課題・リスクについては、計画書で記載されているもののうち、マネジメントに対する要望が出されているもののほか、特に全体に共有しておくべきものを選択し、記載をしておきます。

図11 | 全体計画書の作成例

クラウドサービス営業部 事業計画 （2016年3月15日策定：Version 1.0）

事業のビジョン	事業目標
・中小企業を対象にクラウドときめ細やかな人的サポートからなる事業支援サービスを提供 ・クラウドサービスの利便性と人的サポートによる安心感の提供 ・ソフトウェア事業者のシェアを奪取	売上目標　600,000千円 　　　　　（昨年度：350,000千円） 顧客数目標　750社 　　　　　（2016年2月現在 480社） 顧客満足度調査　前年度よりも向上

会計管理サービス （リーダー：佐藤）	顧客情報管理サービス （リーダー：石井）	セキュリティサービス （リーダー：野中）	営業管理サービス （リーダー：磐田）
●担当製品サービス 会計クラウドサービス	●担当製品サービス 名刺管理クラウドサービス	●担当製品サービス ウィルス検知クラウドサービス	●担当製品サービス 営業プロセス管理クラウドサービス
●目標 200,000千円 （前年度：10,000千円）	●目標 50,000千円 （前年度：0千円）	●目標 250,000千円 （前年度：200,000千円）	●目標 100,000千円 （前年度：50,000千円）
●マイルストーン ビジネスイベント （7月）	●マイルストーン 新サービス発表 （9月）	●マイルストーン B社との協業開始 （11月）	●マイルストーン システムリニューアル （2月）

サブチーム名	想定される主な課題・リスク	マネジメントへのリクエスト	対応期限	担当者
会計管理サービス	ビジネスイベントにより想定以上の引き合いがあったとき、対応に限界あり	対応不能なときは、他チームからのスポット応援をお願いしたい	リクエスト時 （7月以降）	佐藤

コツその14　非日常的な場での全員参加

セレモニー型ミーティングは、原則として計画に関係するメンバーが全員参加する形で行います。したがって、セレモニー型ミーティングではWhen、すなわちいつであれば皆が集まれるのかという日程調整が、他のミーティングタイプよりも重要かつ手間がかかる部分となります。

また、セレモニー型ミーティングでは非日常の時間を演出することがポイントとなり、この点でも、他のタイプのミーティングよりも注意深い準備が求められます。

非日常の時間を演出する方法としては、チームメンバー以外のゲストに参加いただく、重役会議室など普段は使えない会議室や社外の会議室を用意する、などといった方法があります。

コツその15　いつもとは違う懇親会を企画する

結婚式やお祭りに酒宴が欠かせないように、セレモニー型ミーティングの後には、絆を深めるための懇親会を適切な形で行うことが重要です。懇親会の適切さは、「非日常」の時間の演出がどのくらいできているかによって評価されます。

以前私が勤めていたある企業では、年次総会を高級ホテルで行い、そのまま懇親会パーティーを同じホテルの中で行っていました。また別の企業では、懇親会で豪華な賞品が当たるビンゴ大会を行っていました。

こうした懇親会の設計は些末なことと思われるかもしれません。しかしセレモニー型ミーティングの後に行われる懇親会は、マネジメントがメンバーのこれまでの活動に感謝の意を伝え、来期の活動のモチベーションを高める場として重要な意義を持ちますので、決して軽く考えてはいけません。

　なお、懇親会に強制的な参加を求めるような行為はかえってモチベーションを下げてしまいますので、皆が自発的に参加したいと思えるような魅力的なイベントを企画することを心がけていただければと思います。

PlanをDoに導く
セレモニー型ミーティング——進め方

コツその16　アジェンダをきっちり決める

　ハレの儀式が厳格な手順に従って行われるように、セレモニー型ミーティングもかっちりとした議題（アジェンダ）に従って行われるべきです。
　以下に示したのは、セレモニー型ミーティングのアジェンダ例です。

図12 | セレモニー型ミーティングのアジェンダ例

1.	開会挨拶	マネジメントリーダー	2～3分
2.	スピーチ	来賓	10～30分
3.	前期表彰・計画に関する説明	マネジメントリーダー	10～20分
4.	計画案の個別報告	各メンバー	1～5分×人数
5.	計画案承認	全員	1～2分
6.	閉会あいさつ	マネジメントリーダー	1～2分

　このようなアジェンダを1～1.5時間、長くても2時間以内に完了させるのが標準的なパターンです。議事進行を行う司会はサブリーダー、もしくはリーダーが指名したメンバーが務めます。リーダーが司会を指名する場合は昨年度に最も業績を挙げた人が行うなど、なんらかの基準で選定するのもよいでしょう。
　司会の原稿もあらかじめ準備しておくと、よりスムーズに議事を進行できます。来賓を社外などから呼ぶ場合、名前の正確な呼び方や肩書、略歴に関する紹介文を用意するなど細かな配慮をしておくことで、司会者の心理的負

担がだいぶ軽減されます。

コツその17　挨拶は短時間でまとめる

　セレモニー型ミーティングでは非日常を演出するという観点で、挨拶やスピーチなども大事な要素のひとつとなります。しかし儀礼の部分に時間がかかりすぎると、参加者にとって退屈な時間となってしまう恐れがあります。そこで、セレモニーはセレモニーとしてきちんと行いつつも、なるべく短時間でまとめる工夫が必要です。

　開会挨拶では、アジェンダの説明と来賓の紹介を行い、その後、来賓からのスピーチをいただきます。もし来賓が会社の経営陣の場合、なるべくチームに対する期待が高く、前向きなコメントをしてくれる人を選んだほうがよいでしょう。スピーチが説教になってしまうと、せっかくの場が白けてしまいます。もしスピーチをお願いした来賓が、業界の有名人などで皆が話を聞きたいと思っているような人であれば、最大30分程度の時間をとってもよいと思いますが、そうでない場合は原則10分以内に終わらせるようにしてください。

　その後に行われるのが表彰です。**顕著な業績を挙げた人やチームを表彰することは、セレモニー型ミーティングにおける非常に重要なイベントです。**

　きちんと活動を行って結果を出せば、必ず報われるということを、メンバーが感じることができるからです。

コツその18　リーダーの「熱」を浸透させる

　表彰に続いて行われるのが、計画に関するマネジメントからの説明です。リーダーの事業ビジョンは、合意形成型ミーティングの過程で、すでにメンバーにも伝わっています。

　にもかかわらず、セレモニー型ミーティングであらためて事業ビジョンを明確に提示することには、2つの意義があります。

　ひとつめは、皆が集まった正式な場で話をすることで、その考え方を公式のものとして全体に認知させるということです。

　そしてもうひとつは、事業および計画に対するマネジメントリーダーの熱い「思い」を完全に浸透させることにあります。

　リーダーの事業に対する思いをどのように伝えるかによって、Doのフェーズに移行したときのメンバーの姿勢は大きく変わってきます。このリーダーの「熱」の浸透こそが、事業運営におけるリーダーの最も重要な役割であり、またセレモニー型ミーティングのハイライトとなります。

　アップルのスティーブ・ジョブズ氏やソフトバンクの孫正義氏などカリスマと呼ばれる経営者は、自らのビジョンの「熱」を伝える卓越したプレゼン能力を持っています。しかし、彼らのように天性のカリスマ的な魅力を持っていなくても、適切なプレゼン手法を活用すれば、リーダーの「熱」をメンバーに効果的に伝えることは可能です。その手法については、77ページのコラムで詳述したいと思います。

コツその19 一体感を高めることに重点を置く

　セレモニー型ミーティングでは、**ミーティングが終わったとき、提案された計画の実行に対する一体感が高まっている**ことが望まれます。

　限られたミーティング時間を使って一体感を高めるには、ミーティングの場で計画案の是非に関する根本的な議論を避け、また計画案に対するメンバーの責任感を感じさせる工夫が必要となってきます。

　ひとつめの工夫は、計画案を事前に関係者全員に最終確認しておき、異論がある場合はあらかじめ議論を行い解消しておくということです。

　もうひとつは、メンバーから一言ずつ決意表明をしてもらう場をミーティングのアジェンダに入れておくことで、自分たちも当事者であるという意識を高めてもらうことです。

　各メンバーが話し終わった後に、マネジメントが長すぎない範囲で前向きな講評、激励の言葉を発し、計画が承認された旨を全員で確認します。

　こうしたステップを踏むことで、**議決は自分たちの意思で行ったものであり、参加した誰もが後には引けないと感じるようになることが重要**なのです。

PlanをDoに導く セレモニー型ミーティング──事後対応

コツその20　資料は事後配布

　セレモニー型ミーティングでメインとなる資料は、マネジメントのビジョンを伝えるプレゼン資料と計画案になりますが、**これらの資料は原則として事前配布せずに、ミーティング終了後に配布してください。**

　資料をミーティング終了後に配る理由はいくつかあります。
　計画案にはさまざまな数値目標が記載されていますが、ミーティング前に資料を配ってしまうと、数値の根拠や意味がきちんと理解されないまま数値だけが独り歩きしがちです。
　そこでたとえば、なぜメンバーAの目標値が高いのに、メンバーBの目標値は低いのかといった曲解や憶測が生まれると、ミーティングにより一体感を醸成するという目的が阻害されてしまう恐れがあります。

　マネジメントが発表するプレゼン資料も同様です。合意形成型ミーティングの中でマネジメントのビジョンは伝えられているものの、マネジメントが発表する前に資料だけが独り歩きして内容が誤解されることは、致命的な結果をもたらします。
　また、資料を当日初めて見せることで、ミーティング中のメンバーの関心を惹きつけることができる点も重要です。ただし、コツその19でも述べたように、根本的な議論は避けるべきなので、資料は初めて見るものであっても、内容はメンバーにとって馴染みのあるものにしておくことが大事です。

なおミーティングで行われたディスカッションや質疑応答については、セレモニーというミーティングの性格から、議事録として公開することは原則不要です。
　ただし、計画案に関して行われた当日の質疑応答やコメントが計画案の理解を深めるうえで効果的であると判断された場合にかぎり、議事メモとしてメンバーに配布することが効果的な場合があることを心に留めておいてください。

PlanをDoに導く セレモニー型ミーティング——メンバー側の視点

コツその21 マネジメントの視点で参加する

　セレモニー型ミーティングは、マネジメントの考え方や思いを感じたり、他のメンバーがどのように現状をとらえているかを理解することができる、よい機会となります。

　したがって、**セレモニー型ミーティングに参加するときは、自分が主催者である組織のリーダー、マネジメントになったつもりで参加してみる**とよいでしょう。

　まず発表された計画内容について、リーダーはどのような戦略や考えのもとに計画をまとめていったのかについて考えてみましょう。また、他のメンバーの計画がなぜそのような目標値で合意されたのかということも合わせて類推してみてください。

　さらに、セレモニー型ミーティングの運営について、チームの一体感を高めるためにどのような工夫がなされているかについても考えてみましょう。もしかしたら、その思考の中から、リーダーがとった方策よりもよい方策が浮かび上がるかもしれません。

　このような姿勢でミーティングに参加することは、自分がマネジメントに上がったときの訓練としても、とても効果的なものとなります。

計画のビジョンを伝える
プレゼン資料の作り方

　セレモニー型ミーティングで重要なのは、マネジメントによる計画内容のプレゼンテーションです。マネジメントのビジョンと熱がどれだけ伝わるかによって、メンバーのモチベーションは大きく変化します。しかし、マネジメントの皆さんの中には、人前でプレゼンするのが苦手とおっしゃられる方もいるかもしれません。

　プレゼンをうまく行うための第一歩は、プレゼン資料の構成を理解することから始まります。そこでApple社の元チーフ・エバンジェリストでベンチャーキャピタリストであるガイ・カワサキ氏の**「10/20/30 ルール」**についてご紹介しましょう。

　これはベンチャー企業が投資を得るためのプレゼンを行う際のルールとして、プレゼンするパワーポイントのチャートは「10」枚以内、プレゼン時間は「20」分以内、文字のフォントは「30」ポイント以上が望ましいと提唱したものです。文字のフォントが30ポイントというのは日本語のフォント（明朝体やゴシック体）では大きすぎるため、18〜20ポイントが目安となると思いますが、その他2つのルールはそのまま当てはまると思います。

　またカワサキ氏は10枚のチャートで説明するべき10の事項として、以下を挙げています。

1. Problem　（課題）
2. Your solution　（ソリューション）
3. Business model　（ビジネスモデル）
4. Underlying magic/technology　（核となる技術）
5. Marketing and sales　（マーケティングとセールス）
6. Competition　（競合環境）
7. Team　（チーム体制）
8. Projections and milestones　（将来予測とマイルストーン）
9. Status and timeline　（スケジュール）
10. Summary and call to Act　（サマリーと今後のアクション）

上記の構成を踏まえつつ、プレゼン資料を作成する際のポイントをいくつかご紹介します。

・文章を中心とする

　チャートは原則として文章だけで意味が理解できるようにしてください。図表はひと目でイメージをつかんでもらう手法として効果的ですが、その反面、文章よりもさまざまな解釈を可能とします。

　伝えたいメッセージがぶれないことが望まれる計画のプレゼンテーションでは、「文章が中心で、図表は文章を補うものとして活用する」ことを原則としてください。

・1枚のチャートに入れるポイントは5つ以内

　ある実験で、実験者が読み上げたランダムな数字を復唱したときの正答率を調査したものがあります。その結果を見ると、5桁の数

字までは正答率が100%なのですが、6桁になると90%程度になり、7桁では60%強にまで落ちるという結果が表れています。[5]

　チャートの内容を相手の記憶に残させるには、1枚のチャートで訴求するポイントは原則として5つ以内、多くても6つ以内に収めましょう。

・**ひとつの文章で複数のことを説明しない**

　プレゼンする資料では、簡潔に内容を説明することが重要です。そこで大切なのは、ひとつの文章で2つ以上のことを説明しないことです。具体的には「AはBを重視しているが、CはBよりDを重視している」と書くのではなく、「AはBを重視している。CはBよりDを重視している」とすることで、文章がわかりやすくなります。このように文章を整理していくと、一つひとつの内容について議論を行いやすくなるという利点もあります。

・**副詞は禁止**

　プレゼン資料に記載する文章において、「もっと」「すぐに」「しばらく」「いつも」「たまに」といった副詞を使用するのはやめましょう。副詞は情報の正確な伝達を妨げます。

　たとえば「商品の納期をもっと早くしましょう」と言っても、誰にとって、どのくらい「もっと」なのかということが正確に伝わりませんが、「商品の納期を昨年度平均の7日から5日に早めましょう」と記載すれば、誤解なく言いたいことを伝えられるようになります。

5）http://www.gifu-net.ed.jp/kyoka/rika/risu-tebiki/31/31-1.pdf

・**色を使う意味を考える**

　プレゼンテーションでよく見かけるのが、とてもカラフルなチャートです。特に図表については、5〜6色で色分けされているようなものも珍しくありません。しかもチャート間で色づけの意味が統一されていないため、Aには青、Bには赤を使っていたかと思えば、次のチャートでは色が逆転している、といったことも散見されます。

　色の数をできるかぎり少なくして、さらに、色が持つ意味について一貫性をもたせることで、あなたの作成するプレゼンテーションシートは格段にわかりやすくなります。

　特に文章については、黒と、強調したい内容をハイライトするために用いる黒以外の1色があれば十分です。可能であればフォントの大きさも統一すると見栄えがよくなります。

　昔、資料のクオリティに厳しいという評判の高い世界的な戦略コンサルティングファームと一緒に仕事をしたことがあります。そのファームでは、チャートを作成するときの色は原則として黒一色、強調する部分は網かけで整理して、それ以外の色は一切使用していませんでした。

　そのように色を制限することで、チャートのごまかしが利かなくなり、本当に伝えたいことが洗練させるという効果をねらっていたのです。

第4章 まとめ その2

▶合意形成型ミーティングで策定された計画を全員で合意・承認し、その権威づけを行うために実施されるのがセレモニー型ミーティングである。

▶セレモニー型ミーティングは、企業運営の中に「ハレ」の時間、すなわち非日常の時間をつくるとともに、計画策定という、ビジネスにおいて最も重要なタイミングを演出することで、結束を固め、チーム全体のモチベーションを高める役割を果たしている。

図13 | セレモニー型ミーティングのコツ

ゴール	関係者全員で集まって作成された計画を合意・承認するとともにその権威づけを行う
事前準備	13▶ 全体計画書を1枚でまとめる 14▶ 非日常的な場での全員参加 15▶ いつもとは違う懇親会を企画する
進め方	16▶ アジェンダをきっちり決める 17▶ 挨拶は短時間でまとめる 18▶ リーダーの「熱」を浸透させる 19▶ 一体感を高めることに重点を置く
事後対応	20▶ 資料は事後配布
メンバー側の視点	21▶ マネジメントの視点で参加する

実践編 | 第5章

DoからCheck事項を抽出するミーティングの進め方とコツ

> ストーリー

ある企業の風景③

　営業部全体ミーティングから3週間が経ち、佐藤リーダーはそのときの光景を思い返していた。

　例年、企画チームが司会を務める全体ミーティングで、彼は新任チームリーダーとして司会の大役をまかされた。昨年の全体ミーティングでは、ぼそぼそと計画を説明するだけだった高見営業部長が今回は事業に対する熱い思いを語ったことに、深く心を動かされていた。

　全体ミーティング後に企画されたビンゴ大会の一等賞で当てた高級ブランドのボールペンをくるくる回しながら、佐藤はどのように自分のチームの営業管理を行っていけばよいか、他のチームリーダーの管理スタイルに思いを馳せながら考えていた。

　セキュリティサービスチームの野中リーダーは20年の営業経験を持つベテラン社員で、豪放磊落な性格の一方、ワンマン型として有名である。営業活動に関する意思決定はすべて野中リーダーが行い、メンバーはそれにしたがって手足のように動き、必要な情報を都度提供するというスタイルをとっていた。カリスマ的なリーダーシップを持つ野中に心酔するメンバーがいる一方、肌があわず裏で文句を言っているメンバーも少なからずいるようだ。

　営業管理サービスチームの磐田リーダーも長年の営業キャリアを有しているが、その管理スタイルは野中と対照的であった。磐田はメンバーからとても細かく報告を求めることで有名だった。年度末が近くなると毎日メンバーを招集して会議を行い、その日の活動結果と数字について報告させるので、報告のための資料作成とミーティ

ング参加が忙しすぎて、営業に時間が回せないとぼやいているメンバーもいるらしい。

　新しく立ち上がった新チームである顧客情報管理サービスの石井リーダーも早くも苦戦しているようだ。まだマネジメントとしての経験が3年しかないのにもかかわらず新チームのリーダーに抜てきされたのだが、今のところ、メンバーから新サービスに関するいろいろな相談を受けてもどのように対応してよいかわからず苦慮しているようだ。何の意思決定もされないことにメンバーもいら立ちはじめている。

　佐藤は、チームのメンバーに自分の意見をゴリ押ししたり、管理業務で疲弊させたりするようなことはしたくないと考えていた。一方、大きな問題を見過ごすこともなくタイミングよく意思決定し、自分の上司である営業部長にも定期的に活動報告をしなくてはならないとも考えていた。
　でも、そのようなことはどうしたら実現できるのだろうか。

> **Q** 佐藤は現場の活動を管理し、さまざまな課題・リスクにいち早く対応するため、どのようなコミュニケーションをメンバーや上司である営業部長と行っていけばよいのでしょうか？

トリアージから学ぶ報告の極意

「事業の進捗について、どのような情報を、どのような頻度で報告するか」が、Doのフェーズにおける最大のテーマです。

　報告すべき内容と報告頻度が増えれば増えるほど、マネジメントの情報量や分析手法の幅は広がり、より正確な判断を下すことができるようになる一方、現場の負担は当然ながら増えていきます。

　私が知っているある事業会社の例では、年初から営業成績を毎日報告させ、さらに年度末の最後の3か月はほぼ毎日、営業部長を集めた進捗報告ミーティングを行っていました。報告に伴う業務負荷があまりに大きかった結果、報告される情報の正確性やメンバーの士気が失われ、初年度はなんとか目標を達成しましたが、2年目は目標を大幅に割り込む結果となりました。

　現場の必要最小限の労力で、マネジメントが計画の進捗に関する十分な情報を得るためにはどうすればよいか。その問いを解決する「トリアージ」という考え方についてご紹介したいと思います。

　トリアージとは、医療救助の際に、**負傷者を重症度や緊急度などによって評価し、治療や搬送の優先順位を決める仕組み**のことを指します。

　戦争や大規模災害時には、病院で対応可能なキャパシティを大幅に超える患者が現場から搬送されてきます。これらの人々の治療方法としてまず思いつくことは、搬送されてきた患者の先着順で医者が診察するという考え方です。しかしこの方式では生死の瀬戸際にあり、迅速な対応を行えば助かるかも知れない人を待たせ、死なせてしまう可能性があります。

そこで病院に搬送されてきた救急患者が「今すぐ」医師の治療を必要としているのか、あるいは「少し待てるのか」、それとも（つらい判断となりますが）「もう助かる見込みはないのか」、ということについて、**迅速な一次判断を行うための仕組み**が考え出されました。それがフランス語で「選別」という意味を持つトリアージなのです。

トリアージでは、搬送されてきた患者に対して看護師が、緊急性が最も高い患者に赤、中程度の患者に黄、最も低い患者に緑、助かる見込みがない患者に黒のリボンをつけます。これによって、限られたリソースである医者の時間、医療機器、医薬を誰に優先して利用すれば最大限の人を救うことができるのかという判断を、瞬時に行うことが可能となるのです。

たとえば1991年に雲仙普賢岳で起きた大火砕流では、近辺にいた警察官、消防団員、報道陣などの方々が被災し、地元の中規模病院である島原温泉病院に17名が救急搬送されました。同病院では、自院の対応能力を考慮したトリアージを実施、4名の軽症患者を近隣の二次病院へ、3名の中等症患者を三次病院へ、5名の重症患者は長崎大学病院へ、そして救命の可能性が非常に乏しい最重症例は転送せずに自院で診療するという判断を下しました。

このトリアージという考え方をビジネスの実行管理に取り入れることが、「進捗確認型ミーティング」成功のカギとなります。

DoからCheck事項を抽出する
進捗確認型ミーティング──ゴール

　一般的な進捗確認のミーティングは、冒頭のストーリーにもあったように、マネジメントの一方的な意思決定の場となったり、過剰な報告業務を生み出したり、何も決まらず事業が停滞する原因となったりします。

　しかし本来、進捗確認はマネジメントとメンバーが協働してビジネスを推進するために行われるべきものです。この目的を達成するために活用されるのがトリアージです。

　ビジネス活動をトリアージの視点で分類すると、以下の4種類に分けることができます。

> ①実行上の課題がなく、当面のリスクも見受けられない業務（緑）
> ②課題が生じているが当面は現場でコントロールが可能である、もしくは将来のリスクが認識された業務（黄）
> ③課題、あるいは将来の重大なリスクが発生しており、マネジメントの判断や協力が必要な業務（赤）
> ④今年度計画され、すでに完了した業務（黒）

　メンバーに業務報告を行ってもらう際、すべての業務についてだらだらと説明するのではなく、業務ごとのステータスをあらかじめ評価して、それによって色分けしておいてもらうことで、報告業務に関する負荷を軽減し、特に大切な業務報告にディスカッションの時間を費やすことができます。

そして、進捗確認型ミーティングの場での簡潔な議論では解決が難しい課題については、Checkに回していきます。

　このように、**①報告にかかる負荷を最小化しつつ、進捗を妨げる課題やリスクを効果的に切り分けることによって、迅速な処理を可能にする一次判断の仕組みをつくること**、**②その場での解決が難しく、次のCheckのフェーズに回すべき課題・リスクを抽出すること**が、本書で定義する進捗確認型ミーティングのゴールとなります。

DoからCheck事項を抽出する
進捗確認型ミーティング──事前準備

コツその22　色分けは現場の第一感で

　各業務の進捗を評価する色分けは、原則としてその業務を担当しているメンバー自身が行います。現場を最もよく理解しているのは現場だからです。では現場は、どのような基準で業務を色分けしていけばよいのでしょうか。

　まず考えられるのは、業務ごとに客観的な指標を設定し、指標がある数値を超えたら黄、さらにこの数値に達したら赤といった判断を行うことです。小売業のように大量のPOSデータや分析ツールなど現場の情報収集・管理・分析システムが整備されている業種では、こうした方法も効果的でしょう。

　しかし一般的な企業では、活動の途中で得られるデータや活用できる分析システムは限られています。また新規事業ではデータそのものがあまりないこともあります。

　このような場合、色分けの基準として最もお勧めするのは**「現場の肌感覚」**です。すなわち理屈や数字ではなく、日々ビジネスの現場にいる中で、業務の遂行や目標の達成が直感的に「ヤバそうか」ということで黄・赤をつけるということです。

　現場の肌感覚、すなわち第一感で色分けするというと、とてもいい加減な印象をもたれるかもしれません。しかし現場メンバーの第一感で出されるアラートは、実際のところ、中途半端な分析システムが出す答えよりもはるかに真実をついている可能性が高いのです。

最近、囲碁のゲームで人工知能が初めてプロの囲碁チャンピオンを破ったことが話題となりました。ちなみにチェスでコンピュータが人間のチャンピオンに勝ったのは1996年で、20年も前のことになります。囲碁はチェスより盤面が広く、第一感が勝敗に大きな影響を与えるゲームです。勝負のルールが決まっている囲碁というゲームでさえ、世界最高のコンピュータが人間の第一感に近づくためにはこれだけの長い年月を要するのです。
　このことからも、スピーディに一定の質の判断を行う場合、メンバーの経験に基づく第一感に頼るやり方が、中途半端な分析システムよりも意外に真をついている、ということをおわかりいただけると思います。

コツその23　赤はマネジメントの助けを求めるサイン

　色分けのルールとしてもうひとつ挙げておきたいのは、**メンバーから赤のサインが上がったとき、マネジメントは必ず何らかの対応を行わなくてはならない、というルールを定めておく**ことです。
　すなわち、進捗確認型ミーティングで赤のサインが上がったときは、マネジメントも課題・リスクの解決について現場メンバーと共同責任を負い、積極的に支援の手を差し伸べることを約束します。
　一方、ミーティングでは赤のサインが上げられなかった、あるいはタイミングを大きく逸する形で上げられてきた業務については、原則として現場メンバーのみが実行や課題・リスクの解決責任を持つことになります。
　このように責任の所在を明らかにしておくことで、難しい問題が発生したとき、マネジメントに隠して極秘裏に解決しようとするのではなく、積極的に情報提供しようという姿勢を生むことができます。

コツその24　報告内容は一目でわかるようにまとめる

　色分けのルールを定めることで可能になるのが、報告フォーマットの簡素化です。**業務ごとの色分けを行うと、だらだらと説明しなくても、一目で状況を可視化することができるようになります。**

　次ページに紹介するのは、佐藤リーダーが高見営業部長に行った報告例です。チームメンバーからチームリーダーに上げる報告も、基本的に同じような構成となります。

　報告フォーマットは原則として、①目標の達成状況と主な活動、②進捗ステータス、③課題・リスク、④マネジメントへの要望、の4つで構成されます。

①目標の達成状況と主な活動

　このパートでは、現状の目標達成状況、そして目標を達成するための直近の活動として何を行ったかを記載しています。

②進捗ステータス

　目標値およびアプローチについて、進捗状況を緑（順調）、黄（リスク有）、赤（課題有）、灰（完了）、無着色（未着手）で色づけします。横にはなぜそのように判断したかというコメントを簡潔に掲載できるスペースをとっておきます。

③課題・リスク

　進捗アラートで赤もしくは黄となった項目について、現在の対応状況、マネジメントのサポートを得たいと考えている課題・リスクの内容を記載しま

図14 報告フォーマットによる報告例

チーム： クラウドサービス営業部 会計管理サービス
リーダー： 佐藤一郎

報告日：2016年7月11日

目標の達成状況

項目	目標値	実績	総合評価
年度末売上目標	200,000（千円）	26,000（千円）	Yellow
第2四半期末売上目標	50,000（千円）	2,000（千円）	Green

主な活動

前回報告からの主な活動

・第1回ユーザーイベント(7/7)
　―横浜ロイヤルパークホテルで開催
　―地元企業を中心に27社参加（別紙参照）
　―参加企業のフォローアップを実施中

進捗ステータス

タスク	評価	コメント
Step4：見込み客営業本格化	（未着手）	
Step3：キャンペーンメニュー	Red	発注先について、予算部局との協議難航
Step2：ビジネスイベント開催（総合評価）	Yellow	
7/21　宇都宮	Yellow	リッチモンドホテル宇都宮で開催。現時点での登録会社数は7社。今週、現地ビジネスパートナーを通じたイベント宣伝を強化予定
7/14　浦和	Green	浦和ロイヤルパインズホテルで開催。35社登録済
7/7　横浜	完了	27社が参加
Step1：エリア顧客リスト更新	完了	4/25　顧客リスト更新完了

課題・リスクとマネジメントへのリクエスト

タスク	課題・リスク	状況	マネジメントへのリクエスト	対応期限	担当者
Step3 キャンペーンメニュー	キャンペーンメニューの外部発注	・6/1の役員会で内容・予算について承認済 ・宇都宮のキャンペーン事務局を、高コストだが実力・実績あるT社にお願いしたいと考える ・一方、予算部局より入札方式での業者選定を求められ、協議中である	予算部局に本キャンペーンの重要性を説明いただき、随意契約の合意をとっていただきたい	7/13	佐藤
Step2 ビジネスイベント開催	7/21 宇都宮イベントの集客	・同イベントの集客の出足が遅れている（目標は現時点で15社集客） ・現地ビジネスパートナーのD社と集客方法について7/12協議予定	（現状なし）	7/12	

す。「ビジネスにおける課題やリスクの対象となる事項」には、たとえば以下のようなものが挙げられます。

売上に関するもの：景気悪化、マーケットの伸び悩み、強力な競合製品
コストに関するもの：部品調達コストの増加、営業・マーケティング費用の増加、為替リスクなど
人に関するもの：離職率の上昇、スキルを有する人材の定年退職
技術に関するもの：自社製品の技術的優位性の維持、破壊的イノベーション
法制度に関するもの：規制強化、規制緩和、コンプライアンス
突発事項に関するもの：自然災害、政変、戦争・クーデター

④マネジメントへのリクエスト

　課題・リスクに対応するうえでマネジメントに要望したいことを記載します。課題解決のための人員を追加してほしい、追加の予算が欲しい、検討組織を立ち上げてほしい、などといった要望が主となるでしょう。

　報告フォーマットのポイントは、**内容をだらだら書きすぎず、1枚で簡潔にまとめること**です。たとえば計画の詳細項目については、現時点では見ておく必要のないものや、かなり昔のものは削除してもかまいません。課題・リスクについても、解決されて久しいものは削除してよいでしょう。

コツその25　目標の達成状況をグラフ化する

　進捗確認型ミーティングでは、目標達成状況をメンバーにわかりやすく「見える化」することも重要になります。図15では一例として、時系列で目

標値と実績値の推移をグラフ化したものを作成しました。このグラフでは、点線が年間目標値、実線が実績値を示しています。

　このようなグラフのポイントは、直近のデータだけではなく、たとえば売上であれば年度目標のように、**最終的なゴールが常に目に見えるように作成する**ことです。こうした最終ゴールの普段からの意識づけが、事業を推進していくうえでは重要となります。

図15｜目標達成状況グラフの例

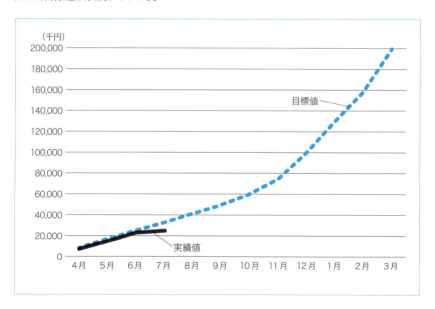

DoからCheck事項を抽出する
進捗確認型ミーティング──進め方

コツその26　正直な進捗報告に怒らない

　進捗確認型ミーティングでは、現場が業務の状況について行った色分けに基づき報告をし、その報告をもとに、各事業の中からCheck、Actに回すべき活動の選別を行います。**この仕組みを正常に機能させるためには、現場からの正直な進捗報告が必須となります。**

　しかし、これは言うほど簡単なことではありません。大きな問題が発生したとき、特にその問題が自分のミスで発生したと思われるとき、それでもなお正直に状況を報告することは、誰にとっても勇気がいることです。だからこそマネジメントは、**仮にメンバーのミスで問題が発生した場合でも、「正直な報告を行うかぎりは怒らない」**という姿勢が望まれます。

　現場がマネジメントに正確な情報を伝えなくなったとき、マネジメントは適切な対応をとることができなくなります。正直な報告は進捗確認の生命線なのです。

　逆に問題が小さかったとしても、意図的に現場が情報を隠していたことが発覚したときは、リーダーが厳しい処置を示す必要があります。こうすることで正直な報告が常に行われる環境をつくりだすのです。

コツその27　議論すべき進捗を選別する

　進捗確認型ミーティングは一般的に以下のように進められます。

①ミーティングの設定

　進捗確認型ミーティングは進捗報告を兼ねているため、原則として定例で設定するのが効果的です。あまりに頻繁なミーティングの開催は現場を疲弊させるため、週1回〜月1回の頻度が適当です。

　ただし特殊なプロジェクトの場合は、タイミングを見計らいながら臨機応変にセットするケースもあります。

②現場からの報告フォーマットの事前送付

　メンバーは進捗確認型ミーティングの1日前には報告フォーマットに記載し、マネジメントに提出します。マネジメントはその内容をあらかじめ把握したうえで、進捗確認型ミーティングに臨みます。

③当日のアジェンダ

　進捗確認型ミーティングのアジェンダは以下のようなものとなります。

図16 | 進捗確認型ミーティングのアジェンダ例

1.	進捗確認	マネジメント	15分
2.	赤に色分けされた進捗のディスカッション	全員	30〜60分
3.	過去の課題に対する対応状況の報告	マネジメント	10分
4.	その他（成功事例の紹介等）	対象メンバー	10〜15分

　進捗確認型ミーティングでよく見られるのが、メンバーが1人ずつ順番に活動報告を延々と行うという光景です。活動報告に対する質問などが入ったりしていると、進捗報告だけでミーティングがタイムアップになることも

往々にしてあります。

しかし進捗確認型ミーティングの目的は、すべての活動の進捗の詳細を確認することではありません。**トリアージという色分けの手法を活用して、事業を進めるうえで障害となる、討議すべき進捗にフォーカスして議論する**ことに意味があるのです。

したがって進捗確認は、提出されたフォーマットをもとに、マネジメントが簡潔に行います。まず、黄に色分けされた活動で気になるものについて担当者に質問し、黄という判断のままで問題ないか、それとも赤に変えるべきかについて判断します。これらが終わったら次に、赤に色分けされた進捗に対するディスカッションへと移っていきます。

コツその28 軽微な課題から議論し、その場で解決する

赤く色分けされた進捗については、マネジメントとメンバーが責任を分かち合って、課題・リスクの解決に一緒に向き合うことになります。

ここで、ミーティングのリズムをつくる観点で重要なのは、**「簡単に解決できるものから片づける」**ということです。

上がってくる課題の多くは実際のところ、そこまで深刻な内容のものではありません。たとえば「ある小規模な契約の締結が予定より1週間遅れることを承認してほしい」「システム更新の費用見積もりが以前報告した想定金額より高かったが予算の範囲内なので認めてほしい」といった内容については、マネジメントが皆の意見を聞いたうえで、その場でYes/Noの意思決定を下すことができます。

軽微な課題をさくさくと解決していくことで会議のリズムをつくり、最後に大きな問題についてゆっくり議論するというスタイルを目指しましょう。

なお、過去の経験からの肌感覚で申し上げると、進捗確認型ミーティングで挙がってくる課題にも、「パレートの法則」があてはまります。すなわち、**現場から上がってくる課題の8割はその場で解決可能な軽微なもので、残りの2割が、一筋縄では解決できない深刻な課題**であるということです。

👉 コツその29　難しい課題は切り分け、部分的な合意を積み重ねる

　軽微な課題の意思決定が終わったら、今度は難しい課題に取り組みます。難しい課題に取り組む際に大切なのは、**課題を複数の考え得る原因に切り分けて議論し、原因ごとに確認することで部分的な合意を積み重ねていく**ということです。

　たとえば、ある建設工事を受注していたとき、その工事が遅延して納期に間に合わないという課題が上がってきたとします。

　このとき課題をたとえば、①自社メンバーの人員不足が原因、②発注先企業の技術不足が原因、③顧客の厳しい要求水準が原因、といった形で切り分け、ひとつずつ確認・議論を行っていきます。これにより、自社メンバーの人員不足についてはXX、発注先企業の技術不足に対してはYYといったように、細かく合意事項を積み重ね、合意した内容からどんどん実行に移していくことができます。

　このように難しい課題に対しては、ひとつの意思決定によってすべてを決めるのではなく、複数の小さな原因と細かい意思決定の集合体としてとらえることで、ディスカッションを合意・実行に導きやすくなるのです。

コツその30　具体例で議論する

コツその29で切り分けられた原因の対応方針について合意事項を積み重ねていくときの留意点として挙げたいのが、**「具体例や具体的なイメージを出して議論する」**ということです。

たとえば、発注先企業の技術力不足が問題になっているとき、「発注先企業のXXに関して技術指導する」という意見を出すのではなく、**誰が、どのような場面で、どのように指導するというところまで、具体的なイメージをもって説明する**ように心がけます。

また誰かの考えに意見を述べるときも、自分の意見を補強する過去の類似事例などを具体的に述べるようにします。

具体例や具体的なイメージで議論を進めることで、「議論のための議論」に陥ることを防ぐとともに、合意事項に関するメンバー間の認識の齟齬を最小限に抑えることができるようになります。

コツその31　時間で区切る

具体的な議論は、一方で議論が細部にわたってしまい、話が長引きやすいという問題点を有しています。この問題点の解決方法として効果的なのは、**「時間で区切る」**ことです。

議論を時間で区切るということには2つの意味があります。ひとつめは、ひとつの課題にかける議論の時間を区切ること、もうひとつは、1人の発言時間を区切ることです。

時間で議論を区切ることは乱暴に思われるかもしれません。しかし、**進捗**

確認型ミーティングは課題・リスクに対する最初の選別・評価を行い、その場で迅速に解決できるもののみを解決する、一次判断のための場です。容易に結論が出ない議題については、次のCheck、さらにはActionのフェーズでじっくり議論したほうが効果的なのです。

上記の観点から、**理想的にはひとつのテーマにつき、1人1分以内の発言で15分**。それだけ話しても結論が出ないときは、次のリソース調整型ミーティングに回すようにします。

コツその32　マネジメントも報告する

進捗確認型ミーティングは、現場がマネジメントに報告し、マネジメントがその結果について確認と一次判断を行う場であるだけでなく、マネジメントが過去に意思決定したアクションについて取組状況を現場に報告し、現場からフィードバックを受ける場でもあります。

具体的には、前回までの進捗確認型ミーティングにおいて、マネジメントが対応するべきと決まったto-doについて、どのような対応を行ったかについて現場に報告し、対応ができていない場合はその原因・理由について説明を行います。

メンバーだけでなくマネジメントも事業に対して責任を持ち、コミットしているということをこの報告作業を通じて示すことで、現場はマネジメントが真摯に問題に対応してくれていると感じます。このことは、事業に対するメンバーのモチベーションを高める効果を生み出します。

このような双方向のコミュニケーションサイクルを通じて、それぞれが果たすべき役割に対して責任を持って行動していることを示すことが、適切な実行管理における重要な鍵となるのです。

コツその33　現場を輝かせる時間をつくる

　進捗確認型ミーティングでは、**成功事例を発表あるいは表彰し、現場を輝かせる時間をつくることも重要かつ効果的な取り組みのひとつです。**
　自分たちの活動や成果をメンバー全員の前で認知させることができる場を用意することで、メンバーのモチベーションを高めることも可能となります。

　私が昔、所属していたコンサルティングファームでは、毎月1回の定例ミーティングの際に、プロジェクト事例の発表を行っていました。他のメンバーに成功事例を紹介することで、メンバーの自己実現欲求を満たすだけでなく、他のメンバーが自身のビジネスのヒントをつかむうえでも効果的な取り組みであることを実感しました。ある調査研究では、ポジティブな思考・発言・行動がネガティブな思考・発言・行動の3倍以上あると業績が高くなるという結果が表れているそうです。

　業績が出ていないときに、業績が出ていないことを非難することは簡単です。しかしそうしたときでも、**各自のよい部分や頑張っているプロセスを正当にほめることができれば、それは事業を挽回させるための第一歩となります。**
　このような観点から、現場を輝かせる時間をつくることは、進捗確認型ミーティングにおいてマネジメントが果たすべき重要な役割であると考えます。

DoからCheck事項を抽出する
進捗確認型ミーティング――事後対応

コツその34　議事録で決定事項とto-doを明確にする

　進捗確認型ミーティングでは、議事録が大きな役割を果たします。

　なかでも特に重要な項目は、決定事項とto-doです。進捗確認型ミーティングでは、進捗で出されたアラートに基づき、マネジメントと現場が討議を行いますが、その討議の結果として決められたことが何なのか、それらのことはちゃんと実行されているのかについてフォローすることが大事となるからです。

　また、主な課題については、決定事項やto-doに至るうえでどのような議論があったかということを、備忘録として簡潔に記載します。

　このように議事録では、**ミーティングで議論して皆で合意したことを文書として残します。**

　自分たちが議論したこと、コミットしたことを文字で視覚的に確認することで、合意した内容を実行する責任感と推進力が生み出されるのです。

　最後に、過去の議事録はファイル化して眺めることができるようにしておくとよいでしょう。1年の終わりに、業績を振り返る観点で眺めると、とても勉強になります。何が実現できて、何が実現できなかったかをきちんと把握することで、次につなげることができるようになるのです。

DoからCheck事項を抽出する
進捗確認型ミーティング──メンバー側の視点

コツその35　情報提供や意見表明を躊躇しない

　進捗確認型ミーティングでは、「このことは言ってはいけないのではないか」とメンバーが勝手に自粛する結果、現状が正確に伝わらないということを避けなければなりません。このような事態を防ぐためには、**メンバーが意識して率直な意見を示すよう心がける**ことが大事です。

　これは自分の担当範囲についてのみならず、他メンバーの発表した内容に対しても同様です。仮に、他メンバーの報告の中で引っかかる点やメンバーに見えていない課題を感じ取ったときは、率直にそのことについて表明しましょう。そこからチーム全体が重大な気づきを得られることがあります。

　事業は、チームが必要な任務を完遂して初めてその目的を達成することができます。仮に皆さんが個人の目標を達成したとしても、他のメンバーが目標に届かずチームのゴールを達成できなかったら、その事業は失敗です。常にチーム全体の利益を考え、自分の意見を建設的な形で述べることは、とても大事なことなのです。

　ただ当然のことながら、**このような姿勢をメンバーがとることができるのは、マネジメント、そしてメンバー間の信頼関係があってこそ**になります。ミーティングのノウハウとは離れますが、風通しのよいチームをつくることもまた重要であると、最後に付記しておきたいと思います。

議事録の書き方

　皆さんは、ミーティングを行った後の議事録をどのように作成しているでしょうか。本コラムでは議事録の書き方についてご紹介したいと思います。

　まず、議事録のフォーマットおよび議事録に記載する項目は、原則としてミーティングの種類を問わず決まっています。具体的には、議事録は、**5つの基本情報と3つの議事内容、そして当日の配布資料**の計9項目で構成されます。

■**基本情報**
1. ミーティングの名称
2. 開催日時
3. 開催場所
4. 参加者（複数の組織にまたがるときは所属組織も記載）
5. 議題（アジェンダ）

■**議事内容**
6. 決定事項
　　会議を通してどのような議題について、どのような決定がなされたかについて記載します。

7. to-do
    決定事項が何らかのアクションを必要とするものである場合、そのアクションをどのように実施するかについて担当者、期限を含めて記載します。
8. 主な議論
    テーマごと、もしくは時系列で内容を記載します。

■その他
9. 当日の配布資料

　図17は、佐藤リーダーの会計管理サービスチームが高見営業部長に対して行った進捗確認型ミーティングの議事録を参考例として掲載したものです。
　なお議事録の項目は不変である一方、ミーティングの種類によって、議事録の各構成要素に記載する書きぶりや、議事録そのものの必要性も変わってきます。
　たとえば合意形成型ミーティングでは議事録は不要ですし、セレモニー型ミーティングでは当日の配布資料を参加者に展開すれば十分です。一方、進捗確認型ミーティングで重要になるのは、決定事項とto-do。また、後ほどご紹介するアイデアソン型ミーティングでは、主な議論内容が重視されます。

図17 進捗確認型ミーティングの議事録例

クラウドサービス営業部　会計管理サービス

ミーティングの名称	進捗確認型ミーティング
開催日時	2016年7月11日（月）10時～12時
開催場所	4F大会議室
参加者 ※敬称略	クラウドサービス営業部長：高見 クラウドサービス営業部副部長：近藤 クラウドサービス営業部　会計管理サービス：佐藤、中村、木村、高橋
アジェンダ	1. 進捗報告 2. ディスカッション 3. 対応策の決定
配布資料 ※別添参照	1. 進捗報告シート 2. 7/7 横浜イベント開催報告 3. T社事業概要・実績
決定事項	1. 高見部長、佐藤リーダーでT社採用（随意契約）について会計課と協議 2. 7/21イベント集客について、他チームにも協力依頼
to-do	1. 部長・会計課のミーティング設定　（佐藤、即時） 2. 宇都宮イベント開催概要・協力依頼資料作成　（高橋、7/13）

主な議論

◆横浜イベントについて
・7/7横浜イベントからの契約見込はどのくらいか？（高見部長）
→参加27社中、10社が関心を示し、3社から具体的な提案を求められているところ（木村）

◆T社の採用について
・なぜT社を推薦するのか？（高見部長）
→T社は昨年度の千葉市イベントで試験的に採用。同イベントの成約率は、他イベントと比べて10ポイント以上高かった（佐藤）
→展示作成、運営で高い技術と実績を有するため、今回、イベント全体を仕切っていただきたい（木村）
・T社と他社の価格差はどのくらいか？（近藤副部長）
→これまで採用してきたS社と比較すると10-15％割高。しかしイベント後の成約率（過去実績）を考えると、費用対効果はT社のほうが高い（佐藤）

◆7/21宇都宮イベント
・参加社数が少ない原因として何が考えられるか？（高見部長）
→宇都宮は初めてのイベント開催ということで、顧客へのリーチや本サービスの認知度が低い（木村）
→セキュリティサービス、営業管理サービスは同市で顧客がいるので連携すべき（高見部長）

第5章 まとめ

▶ Doのフェーズでは、どのような情報を、どのくらいの頻度で進捗報告するかが最大のテーマとなる。

▶ 報告すべき内容と報告頻度が増えれば増えるほど、マネジメントの情報分析の幅は広がり、より正確な判断を下すことができるようになる。その一方で、現場の負担は増えていく。進捗確認型ミーティングはトリアージを活用して、このジレンマを解消する。

図18 進捗確認型ミーティングのコツ

ゴール	進捗を妨げる課題やリスクを効果的に切り分けることによって、迅速な処理を可能にする一次判断の仕組みをつくること。その場での解決が難しく、次のCheckのフェーズに回す課題・リスクを抽出すること
事前準備	22 ▶ 色分けは現場の第一感で 23 ▶ 赤はマネジメントの助けを求めるサイン 24 ▶ 報告内容は1枚でまとめる 25 ▶ 目標の達成状況をグラフ化する
進め方	26 ▶ 正直な進捗報告に怒らない 27 ▶ 議論すべき進捗を選別する 28 ▶ 軽微な課題から議論し、その場で解決する 29 ▶ 難しい課題は切り分け、部分的な合意を積み重ねる 30 ▶ 具体例で議論する 31 ▶ 時間で区切る 32 ▶ マネジメントも報告する 33 ▶ 現場を輝かせる時間をつくる
事後対応	34 ▶ 議事録で決定事項とto-doを明確にする
メンバー側の視点	35 ▶ 情報提供や意見表明を躊躇しない

実践編 | 第6章

CheckからActにつなぐミーティングの進め方とコツ

ストーリー

ある企業の風景④

　高見営業部長は、前回のミーティングで会計クラウドチームの佐藤リーダーから出された、「7／21に宇都宮で行うイベントについて、以前から付き合いのあるイベント会社T社と随意契約[6]を結びたい」という要望に頭を悩ませていた。高見は佐藤の要望を受け、先週末、さっそく佐藤を伴い会計課を訪れて、随意契約についてお願いしてきたのであった。

　しかし昨日の夕方、会計課から連絡があり、随意契約は認められないので、相見積もりを最低3社からとってほしいと申し渡されたのであった。

　高見は先週の会計課との会話後、その日の議論の感触から、もしかしたら随意契約は難しいかもしれないと思いはじめていた。そこでひそかにT社以外にイベントを担当してもらえそうな他社2社に見積もりをとっていたのである。

　見積金額はどちらの会社もT社を下回っていたものの、ひとつの会社はこれまで取引がなく、もうひとつの会社は、他部門で使った際にクレームが出たといういわくつきの会社であった。

　これは大西の力が必要だなと、高見は現在、営業管理サービスチームに所属しているメンバーのことを思った。彼は50代のベテラン職員でこれまで多くのイベントをこなしてきている。彼がいれば、委託先がT社以外に決まっても、なんとかやれるかもしれない。

　しかし大西は、営業管理サービスチームの要となる存在でもあり、宇都宮でのイベントまで一時的にでも大西に手伝ってもらうためには、営業管理サービスチームの磐田リーダーをうまく口説かなくてはならない。

---

6) 随意契約とは、内容の企画競争や相見積もりをとることをせずに、特定の発注先に決定すること。

そして、高見営業部長にはもうひとつ大きな悩みがあった。それは競合のK社が先月発表した新しい会計管理クラウドサービスのことである。
　K社が新しい会計管理クラウドサービスを発表するという噂は、業界では昨年からささやかれていた。K社の新サービスについて佐藤リーダーはあまり脅威を感じていないようだったが、ニッチなサービスでトップシェアをとるのが得意なK社の動向を高見はひそかに注目していたのだった。
　宇都宮でのイベントの人の集まりが芳しくないのは、その原因もあるのではないか。高見営業部長は、K社の脅威についても、どのようにしてチームリーダーおよびチームメンバーに伝え、またどのようなアクションをとるべきかについて悩みはじめていた。

> **Q** 高見営業部長は現在認識している課題・リスクに対応するため、どのような対応をとればよいのでしょうか。また、どのようなミーティングを行えば、営業管理サービスチームの磐田リーダーを口説くことができるのでしょうか？

「木」も「森」も見て評価する

　Checkのフェーズでは、計画を実行する中で上がってきた課題・リスクに対する評価を行い、どのように取り組んでいくべきかについて検討します。
　Check対象のひとつは進捗確認型ミーティングから上がってきた、赤く色分けされた課題・リスクで、Doのフェーズで解決策が見出せなかったものです。また、Doのフェーズで一度は解決策を立案したものの、うまくいかずに課題のまま残っているものについてもCheckの対象となります。

　しかし、Checkで討議するべき事項は、実はこれだけではありません。たとえば国際社会の変化や自然災害など、マネジメントは、個々のメンバーの活動からは見えない、あるいは個々のメンバーが見落としているビジネス環境の大きな変化による影響を見極め、影響を最小化するための戦略変更を柔軟に行う必要があります。本書ではこれらの"解決すべき事項"を「アラート」と表現しています。

　「木を見て森を見ず」ということわざがありますが、**ビジネスを推進していくためには、「木」と「森」のどちらのアラートもきちんと評価したうえでリソース調整型ミーティングにつなげる姿勢が大切**です。

図19 「木」も「森」も見る

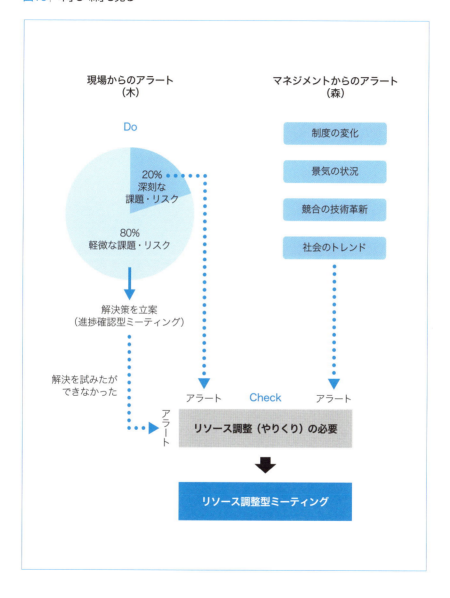

CheckからActにつなぐ
リソース調整型ミーティング──ゴール

　リソース調整型ミーティングのゴールは2つあります。

　ひとつめは、**Doのフェーズで特定された課題・リスクの解決策を見出し、メンバー間の調整やリソースの再配分を行う**ことにあります。

　もうひとつは、**調整・再配分では到底解決できないような深刻な課題を特定し、Act（改善）のフェーズに回す**ことです。

　ここで、Doのフェーズの進捗確認型ミーティングで行う一次評価と、Checkのフェーズのリソース調整型ミーティングで行う二次評価の違いについて説明します。

　まずDoのフェーズで行う一次評価は、現場の第一感に基づき上がってきた課題・リスクについて、その場で簡単に解決できるものとそうでないものを切り分けるために行われます。

　一方、Checkのフェーズで行う二次評価は、先述したように、進捗確認型ミーティングによってその場で解決できなかった課題、当初すぐに解決できると思われたが予定どおりにいかず未解決となっている課題、マネジメントが認識した社会状況の変化等に伴う課題から成る3種類のアラートについて、事実に基づき評価します。

　Doの一次評価とCheckの二次評価では、対応策の考え方にも大きな違いがあります。**Doの一次評価では短時間で意思決定が可能な解決策を基本とするのに対し、Checkの二次評価では、チーム間のヒト・モノ・カネの再配分を含む、より複雑な意思決定を行います。**

CheckからActにつなぐ
リソース調整型ミーティング——事前準備

コツその36　「事実」を集める

　リソース調整型ミーティングの事前準備としてまず重要なことは、「事実」を集める、ということです。

　進捗確認型ミーティングではスピーディーに課題・リスクを選別するため、限られた情報と過去の経験則で議論を行わざるを得ない面があります。

　しかしリソース調整型ミーティングでは、大きな問題につながる可能性のある事柄について議論を行うため、より慎重な姿勢が必要となってきます。

　具体的には、**ミーティングに先立って、できるかぎり客観的な「事実」を集めることが大事になります。**

　たとえば本章冒頭に書いたX社の例では、当初、随意契約を行おうとしていたT社および競合他社から参考見積もりをとってみることで、どのくらいコストに開きがあるかを事実として認識できるようにしています。

　また他部門でクレームがあった競合他社については、他部門の担当者にヒアリングを行い、どのような状況で競合他社がどのような対応をしたため、クレームにつながったかについて情報を得ることが大事になってくるでしょう。

　進捗確認型ミーティングの段階では集め切れなかった事実を整理することで問題の解決につなげることが、Checkのフェーズにおける基本的な姿勢です。

コツその37　評価の「軸」を決める

　リソース調整型ミーティングの事前準備のポイントとしてもうひとつ挙げておきたいのは、評価の「軸」を決めておくということです。

　リスク評価の結果、複数の選択肢が出てきたとき、絶対的に優れている選択肢が出てくるのは稀で、どの選択肢にも長所・短所があるのが一般的です。これらの中から最終的にどの選択肢を選ぶかを迷いなく決められるよう、あらかじめ自分の中に評価の「軸」を持っておく必要があります。

　評価の「軸」とはすなわち、選択にあたって何を優先するか、ということです。

　本書の冒頭に記載した例をもとに、具体的に考えてみましょう。7月21日に何がなんでもイベントを開催するというように「スピードを重視する」判断軸を採用した場合は、T社への委託をあきらめて、他の委託先についても具体的な検討を始めることになるでしょう。一方、イベントを延期させてもT社が委託先に無競争で入れるように会計課と交渉する場合は、「イベントの質」という評価軸を重視していることになります。

　評価の「軸」そのものに優劣はありません。したがって、評価軸はマネジメントのビジネスに対する考え方に応じ、マネジメントの責任のもとに選択されるものです。

　ただ気をつけていただきたいのは、**評価の軸を一度決めたら、基本的には同じ軸で評価していくことで一貫性を保持する**ということです。

　さしたる理由もなくさまざまな軸を採用することは、現場の混乱を招くことになりますので避けましょう。

CheckからActにつなぐ
リソース調整型ミーティング——進め方

コツその38　事実で論点を振り返る

リソース調整型ミーティングは以下のようなアジェンダで進められます。

図20｜リソース調整型ミーティングのアジェンダ例

1. アラートに関するこれまでの議論の振り返り・事実の確認	15〜30分
2. 解決のための選択肢の整理・評価	30〜60分
3. 選択肢を実行するためのやりくりの方法の整理（リソース調整）	30〜60分

　一度のミーティング時間を2時間程度と考えると、**1回のミーティングで取り上げるアラートは3つ程度までに抑える**ほうがよいでしょう。

　リソース調整型ミーティングでまず行うことは、アラートに関するこれまでの議論の振り返りと、本ミーティングの実施にあたって収集した事実の確認です。事実確認の結果、複数の選択肢の優劣が明らかになったり、あるいは課題を簡単に解決できる方法が見つかった場合は、ここでミーティングは終了となります。

　事実確認してもなお解決策の優劣を決められない場合は、どの解決策を、どのような判断軸に基づき選択すべきかについての議論を始めます。

コツその39　マトリクスで意見を整理する

　データを確認しても複数の選択肢の優劣を決することができない場合、どの選択肢を選ぶかに関するディスカッションを行うことになります。ここで威力を発揮するのが、**マトリクスによる議論の整理**です。

　マトリクスとは行列からなる表です。使い方は、一方の軸に選択肢、もう一方の軸に議論の論点となっている項目を記載していきます。

図21｜マトリクスの例

	選択肢A	選択肢B	選択肢C
製品の品質			
コスト			
供給スピード			
総合評価			

　マトリクスを作成したら、このマトリクスに従ってメンバーから意見を集めていきます。

　マトリクスは皆が見ることができるようにホワイトボードを利用するか、PC画面をプロジェクターに映して、リアルタイムで書き込みを行いながら進めていきます。

　議論の途中で論点の分け方を変えたくなることも往々にしてありますので、できればPCを使うほうがよいでしょう。ただし、PCの入力速度が遅いために議論が途切れるようであれば、ホワイトボードで十分です。

　各項目については、肯定的な意見だけでなく否定的な意見も出してもらう

ようにします。

　まずは個別の議論に入らずに、ざっとでいいので、短時間でマトリクスのすべての項目を埋めるようにしてみてください。その後、このマトリクスを見ながらディスカッションを始めます。ディスカッションでは、選択肢を横並びで比較して、項目別の○△×評価を行います。
　たとえば「製品の品質」について、選択肢Aは○、選択肢Bは△、選択肢Cは×といったように、なるべく差をつける形で評価を行います。特に優劣がはっきりしているものは◎をつけるといった工夫を行ってもよいでしょう。
　このように○×をつけると、どの案にもよいところ、悪いところがあることがわかってきます。そのよいところ、悪いところを見ながら選択肢を決めていきます。

　原則としては、優先する判断軸の評価が高い選択肢を選びますが、もしその選択肢が、他の論点での評価があまりに低いといった状況がある場合、別の選択肢との比較評価を行い、最終的な決定を行います。
　なお、どの選択肢にも問題があって選びきれない場合は、課題に対する抜本的な解決策を探すため、Actのフェーズにつなぎます。

コツその40　「やりくり」のパターンを整理する

　選択肢が決まったら次に行うのが、リソース調整、すなわち「やりくり」のパターンの整理です。選択肢を実行するためには、新しい人材・設備・資金を用意しなくてはならない場合が多くあります。
　余剰能力を配分できるのであれば、他チームに影響を与えることなく選択

肢を実行することができます。しかし、ヒト・モノ・カネの余剰能力を普段から確保できているケースは極めて少ないのが現状です。そこで、ある選択肢を実行しようとする場合、実行のためのリソースを確保するために他チームをどのような形で犠牲にするのか、そのやりくりのパターンを考える必要があります。

やりくりのパターンは、どのチームのヒト・モノ・カネをどのチームに提供するのか、そしてリソースを提供したチームは、残りのリソースでどのようにこれまでの業務を回していくかといった考慮を通して決定されます。
今まで行ってきた業務をより少ないリソースで行うことは、業務の質やスピードに影響を与えるため、いかに他チームへのインパクトを最小限に抑える形で既存のリソース配置を「やりくり」できるかが、リソース調整型ミーティングの重要なポイントとなるのです。

やりくりによる影響を最小化するうえで効果的なのは、「広く、薄く、臨時で」ということです。1つのチームだけが不利益を被るのではなく、広く、薄く分かち合うこと、また、「あくまで課題に対応するための臨時的な措置であり、状況が改善されれば元に戻す」ということを原則とすれば、説得もしやすくなります。

コツその41　小さく与えることで説得する

「やりくり」のパターンが整理されたら、マネジメントはメンバーから出されたさまざまな意見を踏まえ、どの「やりくり」を選択するかについて決定し、関係者への説得を行います。ここでマネジメントが気をつけるべきこと

がひとつあります。それは、可能なかぎり**「ロジカルに説得しようとしない」**ということです。

　全体最適の観点で見れば、リソース調整を行うほうがよいということがわかっていても、所属するチームや個人として大きな不利益をこうむるとき、人は反発せずにはいられないものです。そのようなときに論理的な説得を試みることは、かえって大きな摩擦を生む可能性が高いのです。
　マネジメントが最終的にメンバーとのディスカッションをまとめ、合意に至るためには、不利益をこうむるメンバーに「小さく与えられる」代償がないかについてディスカッションし、合意をとっていくことが重要です。

「小さく与えられる何か」は、双方が合意するものであれば、どのようなものでも大丈夫です。たとえば、マネジメントが一緒にクライアントを回る時間を増やすということでもよいですし、来期の予算について配慮するなど、必ずしも今すぐに与えるものでなくてもかまいません。場合によっては、マネジメントが心を尽くして頼み込んで、"心理的な貸しをつくる"ということだけですむ場合もあります。
　このような観点から、マネジメントは普段からメンバーと密にコミュニケーションをとっておくことで、メンバーが感謝する「小さな何か」とは何なのかについて意識しておく姿勢が求められます。

　なお、選択肢に対するやりくりの方法がまとまらないときは、やはり深刻な課題としてActのフェーズにつないでいく形となります。

CheckからActにつなぐ
リソース調整型ミーティング──事後対応

コツその42　「やりくり」を細かくフォローする

　リソース調整型ミーティングでは、過去のミーティングで決定した「やりくり」がうまく実行できているかについても検証を行い、状況によっては、再度やりくりの仕方を考えることも行います。

　たとえば製造業において、部品サプライヤー（自社に部品を供給する取引先）A社が倒産するのではないかというアラートが出されたとします。あなたのチームは同社が倒産したときに備え、同等の部品を製造している他のサプライヤーB社に、「いくらで」「どのくらい」仕入れ可能かについて確認しており、A社が一度目の不渡りを出した時点でB社の仕入れに切り替えるというやりくりのパターンを決定したとします。

　しかし実際にA社から不渡りが出され、B社に仕入れ先を変更しようとしたとき、サプライヤー側であるB社の交渉力が強くなった結果、以前確認したときと同じ取引条件で部品を仕入れることができなかったとします。

　この場合、考えていたやりくりのパターンを選択できないため、A社からの仕入れを続けるか、B社の提示する不利な取引条件を呑むか、あるいは新しいC社を探すか、といった新たなやりくりのパターンを考えることになります。

CheckからActにつなぐ
リソース調整型ミーティング──メンバー側の視点

コツその43　事業全体の視点で説明する

　メンバーとしてリソース調整型ミーティングに参加する際は、**事業全体の視点で課題・リスクをとらえ、解決策を検討する姿勢を忘れない**ことです。

　課題・リスクを抱えている当事者としてミーティングに参加するときは、どうしても自分の抱えているリスクや立場で頭がいっぱいになりがちです。しかし、もしメンバーが自分の抱えているリスクについて、自分のチームに与える影響のみならず、事業全体に与える影響の視点で語れば、要求を通すことができる可能性はかえって高くなります。

　たとえば、自分が取引している海外サプライヤーの経営が思わしくないため、新規サプライヤーを開拓するための人材・コストを申請したとします。もしこの活動が自分の売上にしか影響せず、また、その売上がチーム全体の売上からみると比較的小さいものだった場合は、リスク回避のための人材・コストを要望通り確保することは難しくなってきます。

　しかしたとえばチームの重要なクライアントが、その海外サプライヤーにある重要な部品の供給を依存していた場合、重要なクライアントとの共同仕入れを実現できるような新規サプライヤーを探すという名目で人材・コストを申請すれば、要求は通るかもしれません。

　このように、**いかに自分の事業を全体の事業の中で位置づけて考えられるか**が、大きなカギとなるのです。

第6章 まとめ

▶ Checkのフェーズでは計画を実行する中で上がってきた課題・リスクに対する評価を行い、どのように取り組んでいくべきかについて検討する。

▶ リソース調整型ミーティングのゴールは2つある。ひとつめは、課題・リスクの適切な評価に基づき、メンバー間の調整やリソースの再配分を行うこと。もうひとつは調整・再配分では到底解決できないような深刻な課題を特定し、Act(改善)のフェーズに回すこと。

図22｜リソース調整型ミーティングのコツ

ゴール	課題・リスクの適切な評価に基づき、チームメンバー間の調整やリソースの再配分を行う
事前準備	36▶「事実」を集める 37▶ 評価の「軸」を決める
進め方	38▶ 事実で論点を振り返る 39▶ マトリクスで意見を整理する 40▶「やりくり」のパターンを整理する 41▶ 小さく与えることで説得する
事後対応	42▶「やりくり」を細かくフォローする
メンバー側の視点	43▶ 事業全体の視点で説明する

実践編 | 第7章

Actから新しいPlanにつなぐミーティングの進め方とコツ

> ストーリー

ある企業の風景⑤

　高見営業部長の判断で、宇都宮で行われるイベントは2か月延期されることになった。その間、高見と佐藤リーダーは再三にわたり会計課と交渉、T社を随意契約で利用することについて合意を得ることができた。
　一方、2か月の延期を行ったものの、宇都宮でのイベントの客足は未だ伸びない。1か月前にはリソース調整型ミーティングを行い、営業管理サービスチームから大西を期間限定で借りてきたのだが、それでもまだ予定の6割しか登録がない状態だ。高見は、客足の改善を図るためにどのようにすればよいか、佐藤リーダーに関係者を集めて課題解決のためのミーティングを行うように指示した。
　佐藤リーダーは、競合K社の新サービスに関する高見営業部長の意見について思い返した。部長はつい先日発表された同社のサービスを脅威に感じており、宇都宮イベントの客足が伸びないのも、K社のサービスに客が流れているのが原因ではないかと考えていた。
　たしかにK社のサービスは画期的でコストも安く、今のままでは太刀打ちできない。どうすればK社に対する優位点を見出せるのか？そして斬新な解決策を生み出すためには、どのようなメンバーを集めて、どのようにミーティングを進めていけばよいのか？
　佐藤リーダーは思い悩んでいた。

> **Q** 佐藤リーダーが解決策を見出すためには、どのようなミーティングを行うことが効果的なのでしょうか？

改善はイノベーションの第一歩

　Checkのフェーズで選択肢を見つけることができなかったとき、あるいは既存のリソースのやりくりでは解決できなかったときは、PDCAの最後のフェーズであるActで対応を考えることになります。

　Actは「改善」という言葉で翻訳されることが多いようですが、改善という言葉には、「小さな工夫による小さな効率化」というイメージがあります。しかしトヨタの「カイゼン」活動がそうであるように、**PDCAで目指すActは本来、本質的な課題解決を行うためのイノベーションを創造するためのものです**。したがって、Actのフェーズでは、小手先や刹那的な解決にとどまらず、課題を本質的に解決するイノベーティブなソリューションを導き出すことを目指していきます。

　ところで、イノベーションは一般に、技術革新によってもたらされると考えられがちです。そうすると「たかだかミーティングで本当にイノベーションは実現できるのか」といった疑問を持たれる方も多いと思います。

　しかし、イノベーションの本質を理解すれば、革新的な新規技術だけがビジネスにイノベーションをもたらすのではなく、ミーティングによってイノベーションを導き出すことは十分に可能であるということがわかってきます。

　そのことを表すひとつの具体例としてアポロ13号を挙げたいと思います。

──アポロ13号の事故が教えてくれること

　アポロ13号計画はアメリカが1970年に行った3度目の有人月飛行計画です。初めて人類が月に降り立ったアポロ11号と次の12号は、月面着陸に成

功しました。しかしアポロ13号は発射から2日後、機械船の酸素タンクが爆発、操縦士たちは月面着陸をあきらめ、さまざまな苦難を乗り越えて地球に帰還しました。アポロ13号の帰還は「成功した失敗」と呼ばれ、書籍や映画でも取り上げられています。

　私も『アポロ13』の映画を見たことがありますが、特に印象的だったのは、着陸船の二酸化炭素除去装置を作るシーンです。
　飛行士たちは爆発後、着陸船に避難しましたが、もともと着陸船には月面着陸の間に必要な装備しかありませんでした。
　酸素は十分な量があったのですが、問題になったのが二酸化炭素です。飛行士が呼吸をするたび船内には二酸化炭素が放出されますが、二酸化炭素は濃度が一定以上になると人体に危害を与えるため、これを除去していく必要があります。しかし、二酸化炭素を除去するためのフィルターが、着陸船に搭載されている量では足りないことがわかったのです。
　爆発した司令船には十分なフィルターの量があったのですが、司令船のフィルター筐体は四角形だったのに対し、着陸船のフィルター筐体は円形で、規格がまったく異なるために装着できませんでした。
　そこで地上の管制官たちは、現在、宇宙船にあるものを宇宙飛行士から聞き出し、皆で議論しながらボール紙やビニール袋をガムテープで貼り合わせてフィルター筐体を製作する方法を考案し、宇宙飛行士に伝えました。これにより二酸化炭素の除去が可能となり、彼らは無事に帰還できたのです。

　この事例では、宇宙船にある限られた物資とフィルター躯体の各パーツの関連性に注目することで、課題を鮮やかに解決しました。そこに新しい技術革新はどこにもありません。しかし、この発明は間違いなく、乗組員の生命を救う画期的なイノベーションだったといえます。

Actから新しいPlanにつなぐ
アイデアソン型ミーティング──ゴール

　Actにおけるアイデアソン型ミーティングでは、**時間とリソースが限られた状況で、イノベーティブな課題解決を導き出すことがゴール**となります。

　しかし、言うは易し、行うは難しです。何らかの課題の解決策を求めて議論を行ったときに、「議論はとても刺激的で盛り上がったのに、結論には至らなかった」という経験は、皆さんもあるのではないでしょうか。

　では、真に課題を解決できるアイデアにつながる考え方、そしてディスカッションは、どのような工夫により実現できるのでしょうか。

　ジェームス・W・ヤングの古典的名著に『アイデアのつくり方』(CCCメディアハウス)があります。広告代理店の役員だったヤング氏は、あるとき「アイデアとはどのようにしたら手に入れられるのか」という質問をされてから、そのことについて考えるようになりました。そこで出した結論は、アイデアは「だしぬけに魔法のように表れてくる」ものではなく、2つの原理から生み出されるということでした。

　第一の原理は、**アイデアとは「既存の要素の新しい組み合わせ」**だということ。第二の原理は、**既存の要素を新しい組み合わせに導くためには、物事の間の関連性を見つけ出す才能を育てなくてはいけない**ということです。

　イノベーティブなアイデアは、既存のリソースの新しい組み合わせから生まれます。こうしたアイデアを生み出すには、いつも議論しているメンバーだけでなく、新しい視野を持ったメンバーも加え、常識を揺さぶることを可能とする議論の構成を考える必要があるのです。

Actから新しいPlanにつなぐ
アイデアソン型ミーティング──事前準備

コツその44　課題を正しく設定する

　アイデアソン型ミーティングを行う際、一番大事なことであるにもかかわらず、おろそかにされがちなことがあります。それは**「解決すべき課題を正しく設定する」**ことです。

　解決すべき課題を正しく設定するには、トヨタのカイゼン方式でよく知られている、問題となる事象を分析する際に5回の「なぜ」を繰り返すことが有効です。

　「5回のなぜ」とはどのようなものかについて、有名なドリルの穴の話をもとに説明してみましょう。

　皆さんが日曜大工をしていて、5mmの穴を開けるためのドリルがないということに気づいたとします。そのとき皆さんはどのような課題を設定し、どのような解決策を探そうとするでしょうか。

　まず最も単純な課題設定は、「どうすれば5mmの穴を開けるドリルを手に入れられるのか？」です。この課題設定に続く改善策は、自分の予算の範囲内でどんなドリルが購入できるかをネットで検索して、自分の家の近くのホームセンターに買いにいく、といった感じになるでしょう。

　しかしここで、「なぜ5mmの穴を開けるドリルが欲しいのか？」と、再度問いかけたとします。それに対して「5mmの穴が欲しいから」という答えが出てきたとしましょう。すると、「どうすれば5mmの穴を得ることができるか？」という課題が設定されます。この課題に答えようとしたとき、ドリルでなくても、たとえば別の道具でもいいのではないかという発想が出て

きます。

　さらに問いを詰めていきましょう。

3回目の「なぜ」:
「5mmの穴はなぜ必要なのか？」→「2つの板を接合したいから」
4回目の「なぜ」:
「なぜ2つの板を接合したいのか？」→「ホームセンターで買ってくる椅子を組み立てたいから」
5回目の「なぜ」:
「なぜ椅子を作りたいのか？」→「家でパーティーをするのに椅子が足りないから」

　5回目の「なぜ」から導き出される課題設定は、「どうしたら足りない分の椅子を確保できるか？」となります。そこから出される改善策は、「隣近所から椅子を借りてくる」かもしれません。

　最初の問いから導き出される解決策である「ドリルを買いにいく」ことと、5回目の「なぜ」の後に導き出される解決策である「椅子を借りてくる」こととの間には大きな違いがあります。

　そしてもうひとつ気づいていただきたいのは、「ドリルを買いにいく」という最初の状態から、5回目の「なぜ」に至ると、「ドリルを買いにいく」という最初の選択肢は残りつつ、回答の選択肢がはるかに広がっているということです。

　このように、**「なぜ」を重ねて問いかけることで、個別具体の問題が本質的な課題へと洗練されていきます。**その結果、当初は考えられなかった選択肢が目の前に現れてくるのです。

一方、「なぜ」の質問をひたすら問い続けさえすればいいかというと、そうではありません。課題に対する抽象度が高くなりすぎて、焦点がぼやけてしまうのです。

　仮に先ほどの例で5回目の「なぜ」の後に、もう一度「なぜ家でパーティーをするのか？」と質問をしたとき、「友達と楽しい時間をすごしたいから」という答えが返ってきたとしましょう。そこでさらに、「なぜ友達と楽しい時間をすごしたいのか？」という質問を行い、その課題に応える改善策を考えはじめると、これまで求めていたことから少しピントがずれてきます。

　このように「課題を深掘りすればするほど適切な問いとなる」とは限りません。深掘りするにも適切なレベルがあるということに注意してください。

コツその45　議論の構成を考える

　適切な課題設定ができたら、次に適切な議論の構成、すなわちフレームワークについて考えます。なぜ、フレームワークを考えることが重要なのでしょうか？　それは、**検討のモレをなくすことができる**からです。

　フレームワークを説明する際、よく「MECE」という言葉が使われます。MECEとは、"Mutually Exclusive, Collectively Exhaustive"の略語で、「モレなく、ダブりなく」という意味です。MECEなフレームワークを活用すれば、ある課題について論点を見逃すことなく、全体感をもって議論を行うことができるので、MECEであることが重視されるのです。

　以下によく使われるフレームワークの例を挙げます。フレームワークを利用する際は、適材適所で活用できているか、十分に留意する必要があります。

3C：市場（Customer）と競合（Competitor）の分析から、自社（Company）の戦略分析を行う際に活用されます。

4P：マーケティング戦略の具体的な施策を立案するためのフレームワーク（Product、Price、Place、Promotion）として活用されます。

5forces：業界の構造分析を行うためのフレームワークとして活用され、「顧客の交渉力」「サプライヤーの交渉力」「新規参入者の脅威」「代替品」「既存企業の競争」から構成されます。

　アイデアソン型ミーティングでは、これまでにない新しい発想で課題に取り組み、限られたリソースで改善策を見出さなくてはなりません。そのためには、課題に対してあらゆる角度から光を当てて分析を行う必要があります。MECEなフレームワークは検討のモレをなくし、全方位的な分析を支援してくれるのです。

コツその46　「業界の常識」を共有していない第三者を入れる

　新しいアイデアを生み出すためにはよく「アウトオブボックス思考」、すなわち思い込みを捨てて既成の枠組みや常識から飛び出して考えることが重要であるといわれます。しかし、これが言うほど簡単なことではないことは、読者の皆さんも日頃より感じていらっしゃると思います。
　「アウトオブボックス思考」を実現するうえで重要なのは、「業界の常識」を共有していない第三者をミーティングに参加させることです。

このことについて、喩えを使って説明してみましょう。

ここにガラスでできた筒状の物体が置いてあるとします。形状は縦に細長く、上部は空いていて下部にはガラスの底がついています。たとえば、このガラスの物体が食卓の上に置かれているとき、一緒に食卓に座って食事をしている人はガラスの物体を、飲み物を飲むためのコップとして見るでしょう。しかし、たとえばこのガラス状の物体を生け花教室に持っていったら、この物体は花瓶として使われるかもしれません。

「業界の常識」を共有している人々は、食卓に座って食事をしている人々です。この人たちだけでは、ガラスの物体を花瓶としてとらえ直すことは難しいのです。

コンサルタントが重宝されるのも、「業界の常識」にとらわれない第三者の視点を有しているからといわれます。

昔、24時間のシステム運用を行っているITチームの人員削減プロジェクトに関わったことがあります。ITチームは二交代の勤務体制で業務を行っていたのですが、現場調査の結果、私たちはこれを三交代制にすることで人員削減が可能であることを明らかにしました。

業務を分析していくと、24時間のうち業務のピークが二度生じていたのですが、ピークに勤務交代のタイミングを合わせて、チームがその時間帯だけ重複する形で仕事をすれば、全体としてもっと少ない人数で十分に対応できることがわかったのです。

直感的には、二交代制のほうが三交代制よりも全体の人数が少なくなるようにも思えます。しかし、業界の常識や固定観念を捨てて、新しい目で見ると、改善策が見えてくることがあるのです。

コツその47　緊張を解放できる「場」を選ぶ

　アイデアを生み出すためには、**「いつもと異なる空間を演出すること」**も効果的です。

　中国の故事で、「三上」という言葉があります。これは、文章を練るのには、「馬上」（馬に乗っているとき）、「枕上」（寝ようとしているとき）、「厠上」（トイレに入っているとき）の3つの場所が適しているということを意味しています。普段の緊張から解放されたふとした瞬間にアイデアが訪れる、ということなのでしょう。

　以前、私が勤めていた会社では、ソファが置いてある会議室や、おしゃれな雰囲気のカフェテリアの一部でミーティングを行えるようになっていました。また夕方以降はお酒を飲みながらミーティングすることもできました。これらもまた、イノベーティブなアイデアを生み出すための会社の工夫であったと思います。

　いつものミーティングのようにロの字形のテーブル配置で奥の中央に一番偉い人が座り、偉い順に奥から座るような一般的な席の配置、あるいはスクール形式に机が並べられていて、前の教壇にマネジメントがいる、などといった配置ではカジュアルに話ができる雰囲気にはなりません。

　アイデアソン型ミーティングを開催するにあたっては、会社の中に特別なスペースがなかったとしても、**「年功序列で席を決めるのではなくランダムに座ってみる」「音楽を流してみる」「軽食・お菓子を用意してカジュアル感を演出する」**などといったことが、意外と有効な工夫になります。

コツその48　「3つ道具」を用意する

　アイデアソン型ミーティングを行う際に用意していただきたい、「ミーティングの3つ道具」があります。それは**ホワイトボード、付せん、マーカー**です。

　ホワイトボードは、普段のミーティングやディスカッションでも活用されている方が多いと思います。普段のミーティングでは、ディスカッションで出された意見を次々と書き出していくといった形で利用される方が多いのではないでしょうか。

　アイデアソン型ミーティングでホワイトボードを利用する場合は、フレームワークを書き込むことで議論の全体像を見える化したり、最後に集約された意見・アイデアを記載したりするために使います。

　付せんには大きな特徴が2つあります。ひとつは、複数メンバーによる同時タスクが可能であるということです。付せんを使うと、短時間で参加メンバーから一斉に意見を集めることができます。もうひとつは自由に場所を貼り替えられるということです。これにより一度出された意見をグルーピングしたり、別の場所に貼り替えたりすることが容易にできます。サイズは7.5センチ×7.5センチの正方形のものが使いやすいようです。

　マーカーは、ホワイトボード用のものを2～3色用意します。複数の色を用意しておくと、たとえばフレームワークを黒で書いて、議論のまとめのポイントとなるところは赤で書くなど色のバリエーションをつけることができ、議論を整理しやすくなります。

コツその49　3つの条件に基づき、ファシリテーターを選ぶ

　アイデアソン型ミーティングで重要な役割を担うのが司会の役割を果たすファシリテーターです。

　ファシリテーターとはどのような役割を意味するのでしょうか。日本ファシリテーション協会の定義では、ファシリテーターとは「集団による問題解決、アイデア創造、教育、学習など、あらゆる知識創造活動を支援し促進していく働きを担う人」とされています。

　ミーティングにおいてファシリテーターが備えておくべき基本条件は以下の3つです。①②は必須条件、③は持っていることが望ましい条件となります。

①議題となっている課題の解決に対してポジティブな姿勢を持っている

　議題となっている課題の解決に対してネガティブな人がファシリテーターになってしまうと、課題解決に向けた議論を盛り上げることができません。「どんなに難しい課題であっても解決の糸口がある」とポジティブかつ楽観的な人のほうがファシリテーターに向いています。

②課題に対する利害関係が薄く、中立的な立場をとることができる

　課題が自分の利害に関係する場合、どうしても自分に利する方向に議論を引っ張りたくなるものです。また、自分では中立的に議論を行おうと思っていたとしても、参加者側がそうは感じないということもあります。

　そうした観点からいえば、なるべく課題に対する利害関係の薄い人をファシリテーターとして選定することが重要といえるでしょう。

③課題に対する意見や議論をリアルタイムで整理し、新たな視点を浮かび上がらせることができる

　ファシリテーターは中立的な立場にあることから、自ら課題に対する具体的なイノベーションのアイデアを提示することはできません。その代わり、対話を通じて相手の意見や議論をさまざまな切り口で整理することで、参加者が自分の力で答えを見つけ出すように導くことができます。

　ファシリテーションの難しさは、このような議論の整理をミーティング中にリアルタイムで行わなくてはならないところにあります。いかに瞬時に皆の議論を適切に整理し、何らかの姿を浮かび上がらせることができるかが、ファシリテーターの腕の見せ所となります。

　なお、事前準備として、どのような意見が出されるかを自分なりにあらかじめ可能な範囲で洗い出しておくと、ファシリテーションがだいぶ楽になりますので、試してみてください。

Actから新しいPlanにつなぐ
アイデアソン型ミーティング──進め方

> **コツその50** 厳密なプロセスで自由な議論を進める

　アイデアソン型ミーティングではイノベーティブな解決策を導くための自由な議論が求められます。しかしアイデアソン型ミーティングの面白いところは、**自由な議論は厳密に設計された会議プロセスにより、初めて可能になる**ということです。このことを具体的なアイデアソン型ミーティングの流れにしたがって検証してみましょう。

図23｜アイデアソン型ミーティングの一般的な流れ

1.	課題提起・フレームワークの合意	ファシリテーター	5〜10分
2.	意見抽出	全員	10〜15分
3.	課題分解（発散）	全員	20〜30分
4.	改善の切り口の抽出（収束）	全員	30〜60分
5.	改善策の具体化	全員	20〜30分
6.	決定事項・to-doの確認	ファシリテーター	5〜10分

1．課題提起・フレームワークの合意

　課題提起では、5回の「なぜ」から導き出した課題と問いを伝えることを目的とします。具体的には、どのように考えた結果、そのような課題提起の結論に至ったかということについて簡潔に説明したうえで、「この課題を解決することが本ミーティングの目的である」ということについて場の共通理解を得ます。

次に、課題を解決するためのフレームワークについてディスカッションを行い、フレームワークに関する合意をとります。課題提起・フレームワークの合意はその日の議論の流れを決める重要な要素となるため、皆が同じ目線で議論を行うことができるように、慎重かつ具体的に考え方について述べてください。

２．意見抽出

　意見抽出はミーティングの3道具である「ホワイトボード」「付せん」「マーカー」を使って行います。

　まず司会役のファシリテーターがホワイトボードにフレームワークを書き込みます。そのフレームワークにあわせて、課題に対する考え・意見を1人ずつ付せんに書き込み、適切な場所に貼り付けてもらったあと、それぞれ自分が書いた内容を発表してもらいます。

　ファシリテーターは各メンバーの発表から、過去の経験談・エピソードなど、具体性のある話を引き出していくように努めましょう。具体的なストーリーを語ってもらう中で、議論と何の関係もないような枝葉の部分から、本人も気づかない、課題を解決するカギを見つけることもよくあるので、細かい部分もおろそかにしないようにします。

３．課題分解（発散）

　付せんをホワイトボードに貼り出し、内容に関する説明が終わったら、皆でそのホワイトボードを見ながら議論を始めます。

　最初は多くの付せんが貼り出されているところから、皆がどのように今の状態をとらえ、またどのような問題意識を持っているのかについて"深堀り"を行っていきます。付せんが多く貼られているところは、皆の問題意識が高いところと考えられ、ここに改善策につながるカギが隠されている可能性が

あるからです。深堀りされた内容は、マーカーでホワイトボードにコメントとして記載していきます。

この段階では、ファシリテーターは議論をまとめるようなことはせず、自由に発言してもらいます。

なお、議論をあさっての方向に向かわせないようにするためには、発言内容を制限するよりも、1人1回あたりの発言時間を区切るほうが効果的です。

４．改善の切り口の抽出（収束）

ステップ3で自由な議論が出尽くしたら、いよいよアイデアソン型ミーティングの最も重要なステップである改善の切り口の抽出に移ります。

ポイントは、**自由な議論の中で出された意見を集約して、それらをつなぎあわせる「何か」を見出すことができるか**、というところにあります。

アインシュタインは「物理学が求めているのは、観察された個々の事実を結びつけるための、最も単純な思考のシステムである」という言葉を残しています。ファシリテーターが参加者と協力して、記入された付せんやコメントの背後にある原理原則を探し求めるとき、さまざまな意見を貫く新しい切り口が見えてくるのです。なお、改善の切り口は、一発で有効なものが出てこないときもあります。そのときは再度「課題を分解（発散）して、収束させる」ということを、納得がいくまで繰り返していきます。

５．改善策の具体化

「これだ！」という改善の切り口がまとまったら、この切り口に対してどのようにヒト・モノ・カネを充当していくかについて議論を行い、改善策を具体化していきます。

ここで大事なのは、具体化された改善策のわかりやすさです。誰もが一瞬で「そうだね！」と思えるような改善策でないと、だいたいの場合、機能し

ません。その分野の専門ではないおじいちゃんやおばあちゃんに説明しても直感的に「ほう！」とわかってもらえるようなストーリーが、優れた改善策であることが多いように思います。

6．決定事項・to-doの確認

ステップ6では、ステップ1～5で議論したことをまとめ、決定事項・to-doを整理します。ここで整理された内容は議事録としてまとめられます。

コツその51　量が質を生み出す

大きな議論の流れについてはコツその50で説明しましたが、個別のステップを効果的に推進するうえで役に立つポイントをご紹介します。

まず挙げたいのが、**「意見抽出のときに大事なのは、量より質。なるべく多くの意見を出してもらう」**ということです。たとえば、付せんを書いてもらうとき、5分で1人10枚以上書くといったノルマを出します。

「数を多くするとつまらない意見も多くなる」という危惧もあるかもしれません。しかし、つまらないと思われた2つのアイデアの組み合わせがとても面白くなることもあるなど、どのアイデアが解決策につながるかは、議論の最後までわからないものです。恐れずに量を出し続けることが結果として素晴らしいソリューションにつながるのです。

コツその52　改善策を具体的なターゲットイメージで検証する

改善策を立案したとき、その改善策の有効性を検証するうえで効果的なの

は、**具体的なターゲットをイメージして検証する**ということです。

　たとえば男性向けのファッションを販売している会社が新ブランドの売上をどのように伸ばすかということでアイデアソン型ミーティングを行ったとしましょう。このとき、「30代の都内に居住し、都内企業で働いている未婚男性」というような設定ではなく、たとえば以下のような具体的なイメージを持っておくと効果的です。

［名前］高橋純一
［年齢］35歳
［住所］東京都練馬区の1LDKマンションに一人暮らし
［出身］秋田市。大学進学のため上京、両親は秋田市で健在（父64歳、母
　　　　62歳）。一人っ子
［職業］都内大手電機メーカーに勤務。法人営業担当で年収600万円
［趣味］フットサル（大学時代のサークル仲間と今も月2回練習実施）
［ファッション］大学時代はキレイめファッションを好んでいたが、会社勤務後はだんだん無頓着に。年間の洋服代は約10万円。
　現在、3年付き合っている彼女有り（32歳）。そろそろ結婚を考えている。彼女からは、スーツ姿はよいが、平日のファッションにもう少し気合を入れてほしいと言われている

　仮に100％正しいものではなくても、一定の妥当性が認められる具体的なイメージをつくっておくと、考えた改善策が有効に機能するかについて議論しやすくなります。

コツその53　改善策を一言で説明してみる

　課題によって改善策はさまざまですが、よい改善策には共通の特徴があります。それは**シンプルで、わかりやすい**ということです。

　改善策が「シンプルで、わかりやすい」ものといえるかどうかを判断する方法のひとつとして、コツその50では、「おじいちゃん、おばあちゃんに『ほう！』とわかってもらえるか」という視点をご紹介しました。

　そのほかに判断基準として有効なのは、「その改善策を一言で説明できるか」ということです。

　一言で改善策を表すためには、改善策のシンプルさもさることながら、その**改善策の本質について参加メンバーが共通の理解を示している**ことが必要です。

　また、一言で改善策を説明するというのは商品の宣伝、あるいはキャッチコピーにも通じる部分があります。すぐれたキャッチコピーが世代や時代を超えて伝わっていくように、優れた改善策を示す一言も、関係者を超えて広がっていく力を持つようになるのです。

Actから新しいPlanにつなぐ
アイデアソン型ミーティング──事後対応

コツその54　議事録でミーティング後のアイデア創出を促す

　アイデアソン型ミーティングの議事録では、主な議論のパートを、なるべくそのままに近い形で再現することが大切です。一見脱線しているようにしか見えない話でも、可能なかぎり、丁寧に文書化するようにしてみてください。このようなことを行うためには、あらかじめ参加者の了解をとって、ボイスレコーダーに議論を残しておくのがよいと思います。

　なぜ議事録で忠実に議論を再現することが重要なのでしょうか？　それは、**ミーティング後に議事録を読み返してみる中で、ミーティング中には気づかなかった新たなアイデアが導き出されることがある**からです。
　アイデアソン型ミーティングはその性質上、そのときの勢いで自由に議論が展開されていくことが多くなります。しかし、後で文字化された議論を客観的に眺めたとき、議論中には枝葉のように思われたことやなにげないコメントが光を放ち、新たなアイデアを生み出すきっかけとなることがあるのです。

コツその55　改善点を起点に新たなPDCAを回す

　アイデアソン型ミーティングで新しい改善策のアイデアが生み出されたとき、その改善策を実現するために既存の計画の大幅な変更が必要となる場合

があります。このとき、Actで策定された改善策の実現を新たな目標とした、新たなPDCAサイクルが開始されることになります。

このようにPDCAは、事業期間中に一度のプロセスを回すことで完了するものではなく、常に改善されるサイクルとして定義されるものです。改善のサイクルを回し続ける仕組みを構築できることこそがPDCAという方法論の強みであり、また顧客や時代の要望にあわせて提供価値を常に最適化していくことを可能とするのです。

図24│PDCAの改善サイクル

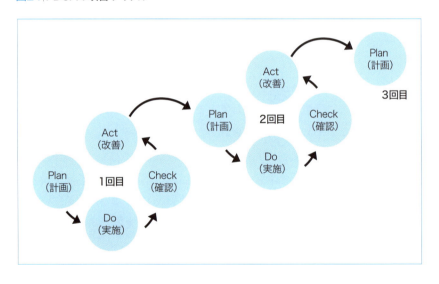

Actから新しいPlanにつなぐ
アイデアソン型ミーティング──参加者の姿勢

コツその56　批判せずに疑う

　アイデアソン型ミーティングの成功は、参加者がリラックスして自由に発言できるかどうかに左右されます。ふと直感的に感じた疑問を言えるか言えないかが、ソリューションに至る大きなカギとなったりすることから、ミーティングに参加する姿勢として重要なのは、**「批判せずに疑う」**ことです。

●──人の話を批判しない

　アイデアソン型ミーティングでは、相手の話を批判することは禁止としましょう。
　参加者が他者の意見に批判的な態度で議論を行うと、新しい意見を言いづらい雰囲気が生まれてしまいます。そうすると人は常識的なことしか言わなくなるようになります。
　また、批判をされたメンバーは、そのことについて反論をしたくなります。そうすると、批判された内容の是非で議論が白熱してしまい、肝心の課題解決とは別の部分でミーティングの時間が費やされてしまうのです。
　大切なことは、議論を皆で楽しむということです。皆が前向きに楽しんでいる場でなくては、前向きな改善策を生み出すことはできません。笑いや雑談も交えながらも真摯に課題に皆が向き合うという姿勢を醸成することができれば、改善策をより思いつきやすくなるでしょう。

●——常識を疑う

　イノベーティブな改善策を導き出すためには、人の話を批判しない一方で、物事の背後にある常識や前提条件を疑うことが重要になります。

　たとえば、ミーティングのテーマが「従来の顧客ターゲットであった20代女性への売上をいかに増加させるか」というものであったとき、「そもそも20代女性は我々の顧客ターゲットなのか」という疑問を提示することで、自分たちのビジネスモデルを深く考えるきっかけを与えることができるかもしれません。

　また、たとえば「何かが足りない」ということが課題となっていたとき、そもそもそれが無くてもやれないかを考えるということもひとつの方法です。他のもので代用しようとする中で、新しい発想が生まれてくることがあります。

5つのミーティングタイプを
社外ミーティングで活用する

　本書ではPDCAプロセスを迅速に回し、ビジネスを進めるための社内ミーティングの手法として、5つのミーティングタイプを紹介してきました。

　しかし、これらのミーティング手法はクライアント活動に伴う社外ミーティングにおいても有効に活用することができます。

　本書最後の本コラムでは、ミーティングの5タイプをどのように社外ミーティングで適用できるかについて簡潔に説明したいと思います。

①合意形成型ミーティング

　合意形成型ミーティングは、クライアントのマネジメントレベルとの合意形成、たとえば契約内容や金額交渉の場面で活用することができます。

　ただ、社内ミーティングではマネジメントである読者の皆さんが上位の立場にあるのに対し、社外ミーティングではクライアントのほうが上位の立場にあるため、特にメンバー側に立ったコツ（コツその12）が応用できるでしょう。

②セレモニー型ミーティング

　クライアントとのリレーションを維持・強化するひとつの手段として、クライアントを招待したセミナーやイベントを定期的に行う

ことがあります。セレモニー型ミーティングは、このような場の設計において有効に活用することができます。

　セレモニー型ミーティングの難しさは、マンネリ化することなく、非日常の体験を毎年のように与え続けなくてはならないところにあります。

　社内のセレモニーについては社員はマンネリ化したイベントでも参加せざるを得ませんが、クライアントはそうはいきません。したがって会場を変えてみる、スペシャルゲストを呼んでみるなどの工夫により、毎回、新鮮な印象をクライアントに与えることが重要となってきます。

　また、クライアントとの一体感をセレモニー型ミーティングを通じて高めるためには、ミーティング内での講演やパネルディスカッションをお願いすることも効果的です。プレゼンテーターを引き受けることで、クライアントは心理的にあなたの会社により近くなったという心象を持つようになります。

③進捗確認型ミーティング

　進捗確認型ミーティングは、クライアントから請け負っているプロジェクトの進捗報告の手法として活用することができます。

　実際、本書で述べた進捗確認型ミーティングの方法論は、私がこれまで請け負ってきたコンサルティングプロジェクトで標準的に活用してきたものです。過去の経験からも公共部門や企業、コンサルティングからITプロジェクトまで、この仕組みは汎用的に適用可能であるといえます。

また報告フォーマットは、クライアントと自社の間での活用のみならず、JVを組んでいる企業や発注先企業にも活用してもらうことで、効率よく統一した進捗管理を行うことが可能となります。

④リソース調整型ミーティング／⑤アイデアソン型ミーティング

　リソース調整型ミーティングとアイデアソン型ミーティングは、クライアントへのサービス提供中に深刻な課題・リスクが生じた際に、解決策を探るための手法として活用すると効果的です。

　そのほかにも、たとえば、協業して新規事業を立案するとき、協業相手と一緒にアイデアソン型ミーティングを行うことで、新しいアイデアを生み出すことが可能となります。

第7章 まとめ

▶既存のリソースのやりくりでは解決できない課題は、PDCAの最終フェーズであるActで対応を考えることになる。

▶Actは「改善」という言葉で翻訳されることが多いが、本来、本質的な課題解決を実現するイノベーションを創造するための取組みを指している。

▶したがってActにおけるミーティングについても、小手先や刹那的な解決にとどまらず、課題の本質的な解決を目指すことになる。

▶アイデアソン型ミーティングのゴールは、既存のリソースの新しい組み合わせにより、イノベーティブな課題解決を導き出すことにある。

図25 | アイデアソン型ミーティングのコツ

ゴール	時間とリソースが限られた状況において、既存のリソースの新しい組み合わせにより、イノベーティブな課題解決を導き出す
事前準備	44 ▶ 課題を正しく設定する 45 ▶ 議論の構成を考える 46 ▶ 「業界の常識」を共有していない第三者を入れる 47 ▶ 緊張を解放できる「場」を選ぶ 48 ▶ 「3つ道具」を用意する 49 ▶ 3つの条件に基づき、ファシリテーターを選ぶ
進め方	50 ▶ 厳密なプロセスで自由な議論を進める 51 ▶ 量が質を生み出す 52 ▶ 解決策を具体的なターゲットイメージで検証する 53 ▶ 改善策を一言で説明してみる
事後対応	54 ▶ 議事録でミーティング後のアイデア創出を促す 55 ▶ 改善策を起点に新たなPDCAを回す
メンバー側の視点	56 ▶ 批判せずに疑う

おわりに

　村上春樹氏の『ダンス・ダンス・ダンス』という長編小説に、「文化的雪かき」という言葉が出てきます。この小説の主人公はフリーランスのライターで、レストランのレポなどを記事にするという仕事をしているのですが、自分の仕事を「文化的雪かき」であると表現するのです。
　主人公はこのように言います。

「穴を埋める為の文章を提供しているだけのことです。何でもいいんです。字が書いてあればいいんです。でも誰かが書かなくてはならない。で、僕が書いてるんです。雪かきと同じです。文化的雪かきです」

　一方で主人公はこうも言います。

「有効な雪かきの方法というのは確かにありますね。コツとか、ノウハウとか、姿勢とか、力の入れ方とか、そういうのは。そういうのを考えるのは嫌いではないです」

　マネジメント、特に中間管理層の仕事は、ともすると「経済的雪かき」ともいえるような業務、作業に忙殺されます。ミーティングもそのような業務のひとつといえます。
　PDCAによるビジネス管理やそれに伴うミーティングは、やらなくてはいけないけど、それをやったからといって誰かにほめられるわけでも、高く評価されるわけでもない仕事の典型です。少々手を抜いてやったとしても、正

直なところ、業績そのものへの影響もあまりないように思えますし、手を抜いたことに目くじらを立てて怒る人もあまりいないかもしれません。

　一方、本書でご紹介したコツを使ってミーティングを設計しようとすると、相当な手間や労力がかかります。コツの中には使いこなせるようになるまで時間がかかったり、試行錯誤が必要なものもあると思います。

　でも、ビジネス・ミーティングをきちんと設計することは、決して無駄にはなりません。**手間をかけてきちんと設計されたミーティングとそうではないミーティングの間にはわずかな、しかし明白な「差」があります。**
　一回や二回のミーティングで生じた「差」によってビジネスが大きく変わることはないでしょう。ビジネスは無数のミーティングによる無数の意思決定の積み重ねで出来上がっており、一つひとつのミーティングの影響は限定的であるからです。しかし自分が主催し、参加するすべてのビジネス・ミーティングで、**地味に、根気よく「雪かき」を続けていけば、それはやがて、ビジネスを変える大きな力となります。**

　そして、あなたが設計したビジネス・ミーティングによって、あなたのチームからビジネスの重要な変化が生み出されるようになったとき、『ダンス・ダンス・ダンス』の主人公がライターとして売れっ子であったのと同じように、あなたもビジネスにおいて欠かせない存在になるのだと思います。

本書が皆さんのミーティングに対する認識を変えるきっかけとなり、ビジネスでさらに活躍するきっかけとなれば、これに勝る幸せはありません。

2016年8月　著者記す

ディスカヴァーの**おすすめ本**

マネジャー、人事研修担当者必携

15分でチームワークを高めるゲーム 39
ブライアン・コール・ミラー［著］　富樫奈美子［訳］

アイスブレイクからメンバーの創造力向上まで。チームワークが一気に高まるゲームを、イラスト・手順とともに紹介。マネジャー、人事研修担当者必携！ 学校や塾などの教育現場でも役立ちます。

定価 1400 円（税別）

＊お近くの書店にない場合は小社サイト（http://www.d21.co.jp）やオンライン書店（アマゾン、楽天ブックス、ブックサービス、honto、セブンネットショッピングほか）にてお求めください。挟み込みの愛読者カードやお電話でもご注文いただけます。03-3237-8321 ㈹

ディスカヴァーの**おすすめ本**

14万部突破！

新版 はじめての課長の教科書
酒井穣

「世界初のミドルマネジメントの入門書」と大反響のベストセラー、大幅増補・改訂版。日本の組織を強くする中間管理職のスキル・心構え・戦略がこの一冊に。新任管理職のテキスト、研修、昇進＆評価基準に最適。

定価 1500 円（税別）

＊お近くの書店にない場合は小社サイト（http://www.d21.co.jp）やオンライン書店（アマゾン、楽天ブックス、ブックサービス、honto、セブンネットショッピングほか）にてお求めください。挟み込みの愛読者カードやお電話でもご注文いただけます。03-3237-8321 ㈹

ディスカヴァーの**おすすめ本**

リーダーになる人はどこが違うか

リーダーが身につけたい 25 のこと
鈴木義幸

100名以上の経営者にコーチングを行う著者が、優れたリーダーに共通する資質や考え方、行動を25項目にまとめて紹介。リーダーとして活躍されている方のみならず、フレッシュリーダー、リーダーを目指す方にも最適。

定価 1500 円（税別）

＊お近くの書店にない場合は小社サイト（http://www.d21.co.jp）やオンライン書店（アマゾン、楽天ブックス、ブックサービス、honto、セブンネットショッピングほか）にてお求めください。挟み込みの愛読者カードやお電話でもご注文いただけます。03-3237-8321 ㈹

ディスカヴァーの**おすすめ本**

リーダーシップ本の新定番!

99%の人がしていない
たった1%のリーダーのコツ
河野英太郎

シリーズ100万部突破！ ベストセラー『99%の人がしていない たった1%の仕事のコツ』の著者が贈る、カリスマ性も成績も才能もいらない、リーダーになるための82のテクニック。今すぐ使えるヒント、教えます。

定価1400円（税別）

＊お近くの書店にない場合は小社サイト（http://www.d21.co.jp）やオンライン書店（アマゾン、楽天ブックス、ブックサービス、honto、セブンネットショッピングほか）にてお求めください。挟み込みの愛読者カードやお電話でもご注文いただけます。03-3237-8321 (代)

プロフェッショナル・ミーティング

発行日	2016年9月10日　第1刷
Author	長田英知
Book Designer	遠藤陽一（DESIGN WORKSHOP JIN,Inc.）
Publication	株式会社ディスカヴァー・トゥエンティワン
	〒102-0093　東京都千代田区平河町2-16-1　平河町森タワー11F
	TEL　03-3237-8321（代表）
	FAX　03-3237-8323
	http://www.d21.co.jp
Publisher	干場弓子
Editor	千葉正幸

Marketing Group

Staff	小田孝文	中澤泰宏	吉澤道子	井筒浩	小関勝紀	千葉潤子
	飯田智樹	佐藤昌幸	谷口奈緒美	山中麻吏	西川なつか	古矢薫
	原大士	郭迪	松原史与志	中村郁子	蛯原昇	安永智洋
	鍋田匠伴	榊原僚	佐竹祐哉	廣内悠理	伊東佑真	梅本翔太
	奥田千晶	田中姫菜	橋本莉奈	川島理	倉田華	牧野類
	渡辺基志	庄司知世	谷中卓			
Assistant Staff	俵敬子	田加奈子	丸山香織	小林里美	井澤徳子	藤井多穂子
	藤井かおり	葛目美枝子	伊藤香	常徳すみ	イエン・サムハマ	岩上幸子
	鈴木洋子	松下史	片桐麻季	板野千広	阿部純子	
	山浦和	小野明美				

Operation Group

Staff	池田望	田中亜紀	福永友紀	杉田彰子	安達情未

Productive Group

Staff	藤田浩芳	原典宏	林秀樹	三谷祐一	石橋和佳	大山聡子
	大竹朝子	堀部直人	井上慎平	林拓馬	塔下太朗	松石悠
	木下智尋	鄧佩妍	李瑋玲			

Proofreader	文字工房燦光
DTP	アーティザンカンパニー株式会社
graph	岸和泉
Printing	株式会社厚徳社

・定価はカバーに表示してあります。本書の無断転載・複写は、著作権法上での例外を除き禁じられています。インターネット、モバイル等の電子メディアにおける無断転載ならびに第三者によるスキャンやデジタル化もこれに準じます。
・乱丁・落丁本はお取り替えいたしますので、小社「不良品交換係」まで着払いにてお送りください。

ISBN978-4-7993-1961-1
©Hidetomo Nagata, 2016, Printed in Japan.